기억의 치유

죠이선교회는 예수님을 첫째로(Jesus First)
이웃을 둘째로(Others Second)
나 자신을 마지막으로(You Third) 둘 때
참 기쁨(JOY)이 있다는 죠이 정신(JOY Spirit)을 토대로
하나님 나라의 확장을 위해 지역 교회와 협력, 보완하는
선교 단체로서 지상 명령을 성취한다는 사명으로 일합니다.

죠이선교회출판부는 그리스도를 대신한 사신으로
문서를 통한 지상 명령 성취와 하나님 나라 확장을 위해 노력합니다.

Copyright © 1985 by David A. Seamands
Originally published in English under the title:
Healing of Memories
Published by Victor Books
a division of Cook Communications Ministries

All rights reserved.

Korean Edition Copyright © 1999, 2017 by JOY Mission Press, Seoul, Republic of Korea.

본 저작물의 한국어판 저작권은 Cook Communications Ministries와 독점 계약한 죠이북스에 있습니다.
신 저작권법에 의하여 한국 내에서 보호받는 저작물이므로 무단 전재와 무단 복제를 금합니다.

죠이북스는 죠이선교회의 임프린트입니다.

기억의 치유

감추고 싶은 기억, 말하고 싶은 기억

데이비드 시맨즈 지음
송헌복, 송복진 옮김

죠이북스

차례

서문 · 6

1부 · 기억의 치유를 이해하다
1장_기억의 치유란 무엇인가 · 11
2장_기억의 신비 · 23
3장_기억 치유의 성경적 근거 · 41

2부 · 기억의 치유를 경험하다
4장_기억의 치유가 필요한 증상들 · 69
5장_하나님에 대한 왜곡된 개념 · 89
6장_하나님을 왜곡할 때 겪는 어려움 · 103
7장_성적인 상처의 기억 치유 · 123

3부 · 기억의 치유를 적용하다
8장_치유되어야 할 기억 · 147
9장_치유를 위한 분위기 조성 · 157
10장_준비 단계 · 181
11장_기도 시간 · 201
12장_후속 조치와 유의 사항 · 229

주 · 239

서문

기억은 단순히 머릿속에 그리는 과거에 대한 그림이 아니다. 그렇다기보다는 감정, 개념, 태도, 행동 방식 등 한 인간이 바로 지금 전인격적으로 지니는 경험이다. 우리는 기억으로 인해 머릿속에 그려진 그림에 동반되는 행동을 반복하게 되기 때문이다.

하나님의 백성에게 무언가를 기억하라고 요청할 때 성경 역시 기억에 대해 비슷한 방식으로 이야기한다. 성경은 결코 우리를 육체적 존재, 감정적 존재, 영적 존재로 구분하지 않는다. 그보다는 전인격적인 삶을 강조한다.

상처받은 기억이 지닌 진정한 비극은 그 기억에서 비롯되는 정서적 아픔이나 과거의 엄청난 압박이 아니다. 아픔과 압박 때문에 우리가 인간관계와 삶에 잘못된 방법으로 대처한다는 것이 문제다. 그러한 것들이 결국 우리 각자의 패턴, 즉 삶의 방식이 되어버린다.

우리의 의식 바깥으로 밀어내고 싶을 만큼 고통스러운 경험의 기억들을 치유하기에는 시간만으로는 부족하다. 우리에게는 특별한 영적 치유가 필요하다. 이 치유에는 상담과 준비, 깊은 치유

기도, 재학습을 위한 후속 조치 등이 포함된다.

《기억의 치유》는 다른 사람들이 과거의 억압에서 자유로워지도록 돕길 바라는 전문 사역자들을 위한 책이다. 또한 바로 지금 그리스도인으로 성장하고 행동하는 데 영향을 끼치는 고통스러운 기억에서 자유로워지길 바라는 평신도를 위한 책이기도 하다.

데이비드 시맨즈
켄터키 주 윌모어

1부

기억의 치유를 이해하다

기억의 치유란 무엇인가

"기억의 치유"라는 말이 여러 의미를 지니게 된 것은 유감스러운 일이다. 오늘날 많은 그리스도인은 "기억의 치유"를 한 방에 문제를 해결해 주는 만병통치약이나 정서적, 영적 성숙의 지름길인 것처럼 생각한다. 또는 반대로 정서적 치유가 극단으로 치닫는 경향이 있기 때문에 기억의 치유를 비성경적이라고 하거나 심지어 건전하지 못하다고 여겨서 모두 거부하는 사람들도 있다. 그들이 염려하는 것을 나는 충분히 이해할 수 있다. 이 분야에서 내가 배우고 경험한 것에 따르면, 심리학만큼 알곡과 가라지가 함께 존재하는 영역은 없기 때문이다.

과학 발달 초기에는 온갖 이론과 방법이 새롭기만 하다. 심리학의 원리와 통찰이 기독교적 상담과 통합된 것 역시 얼마 되지 않은 일이다. 주님의 말씀이든 실험실의 실험 결과든, 모든 진리는 하나님에게서 나온 것이라는 인식이 중요하다. 우리는 어떤 진리든 "하나님 말씀"이라는 체로 걸러 내어 균형을 잡아야 한다.

"기억의 치유"는 기독교 상담과 기도의 한 유형으로, 특정한 정서적, 영적 문제를 치유하시는 성령의 능력에 초점을 맞춘다. 이것은 단지 여러 치유 사역 방법 가운데 하나일 뿐이다. 따라서 이 치유를 절대적이고 유일한 방법으로 여긴다면 과장과 남용을 조장할 수 있다. 그런 일은 절대 있어서는 안 된다. 기억의 치유에서 성령의 인도하심을 민감하게 분별하고 치유를 돕는 성령의 도구를 언제 적절하게 사용해야 할지 제대로 아는 것은 사역자에게 매우 중요하다. 이 책의 주요 목적은 상담자와 그밖에 다른 기독교 사역자가 그 도구를 언제 사용하고 언제 사용하지 말아야 하는지 알려 주는 것이다.

기억을 치유하는 일반적인 과정은 세 단계로 이루어진다. 각 단계가 항상 명확하게 구분되는 것은 아니며, 때로 서로 혼합되기도 한다. 3부에서 자세히 살펴보겠지만 각 단계를 명확하게 이해할 수 있도록 여기서 먼저 하나씩 따로 분리해서 간단히 살펴보기로 한다.

준비 단계

하나님은 때로 다른 사람이나 그룹을 통해 혼자 힘으로는 발견할 수 없는 통찰을 얻게 하신다. 자유하게 하는 진리에 이르지 못하도록 우리를 방해하는 억압된 감정이나 감춰진 상처, 채워지지 않은 욕구를 들추어내는 데 상담은 반드시 필요하다. 지금의 태도와 행동에 영향을 끼치는 아픈 기억과 비정상적인 사고에서 벗어나지 않는 한, 대부분 진정한 치유와 영적 성장은 이루어질 수 없다.

어느 날 오후, 사무실에 걸려온 전화 한 통이 나를 쉽지 않은 상황에 빠뜨렸다. 나는 패티에게 삐걱거리는 결혼 생활에 대해 들을 수 있었다. 목회자인 남편을 향한 애정도 식어 가고 신체적, 감정적으로 어려움을 겪기 시작하면서 결혼 생활은 완연하게 파경에 이르고 있었다. 그러나 그녀는 하나님과, 자신의 결혼 생활에 신중했다.

패티의 어린 시절은 기억의 치유가 필요한 전형적인 사례였다. 그녀가 자라온 가정은 깨져 있었다. 그녀는 가족에게 성적 학대를 당했으며, 가족의 질병과 가난 때문에 어린 나이에 가족의 생계를 책임져야 했다. 마치 아픈 기억들로 가득 찬 판도라 상자가 휙 하고 열린 것만 같았다. 그 아픈 기억들이 지금 그녀에게 닥친 실패의 원인이었다.

상처받고 비참한 패티의 어린 시절을 자세히 들으면서, 나는 그녀가 이런 어려움에도 그 모든 것을 성숙하게 감당한 것에 깊이 감명받았다. 성적 트라우마와 아픈 경험이 있지만 여성다운 모습을 잃지 않았고, 남편을 대하는 것도 매우 정상적이었다. 비록 고통스런 경험이었지만, 어릴 적 일들은 패티를 더 좋은 어머니가 되게 했다. 결과적으로 그녀는 과거의 상처를 치유해야 할 필요가 전혀 없었다. 십 대 초에 경험한 회심과 신앙생활을 통해 아픈 기억들과 화해할 수 있었다. 그러나 진짜 문제는 따로 있었다. 바로 수년 전부터 생긴 원통함이었다. 그녀는 그 감정이 마음속에 뿌리를 내리도록 내버려 두고 있었다.

패티의 남편은 늦은 나이에 목회자가 되었다. 목회자가 된다는 것은 돈을 버는 것과 거리가 멀다는 의미였다. 그것은 어린 시절에 가난이 안겨 준 고통을 되살렸고, 패티의 분노는 점점 강렬해졌다. 더 중요한 것은 최근에 남편에게 느끼는 감정이었다. 남편을 원망하는 마음은 점점 남편과 담을 쌓게 만들었고, 전혀 관련 없는 일들을 들먹이며 남편을 비난했다. 그러다 결국 행복하던 결혼 생활이 파경에 이른 것이다.

패티는 남편에게 교묘한 방법으로 앙갚음하는 자신의 죄성과 추악한 분노를 대면해야 했다. 결국 죄를 고백하고 기도하면서 남편을 용서할 뿐 아니라, 자신의 잘못된 태도와 다른 사람에게 상처 준 행동을 용서받았다. 부부가 이 모든 것에 대해 서로에게 마음을 털어놓았을 때, 하나님의 사랑이 막힌 장벽을 허물고 두 사람 사이에 깊은 사랑을 회복시켜 주었다.

내가 이 사례를 소개한 것은 개인 상담에서 기억의 치유가 반드시 필요한 것은 아니라는 것을 언급하기 위해서다. 기억을 치유해야 할지를 결정하기 어려울 때가 많다. 그렇기 때문에 나는 대중 집회에서 기억의 치유를 사용하는 것은 조금 조심스럽다.

물론 대중 집회에서 기억의 치유를 시도하는 사람도 있다. 나는 하나님의 능력을 제한하고 싶지는 않다. 우리의 필요를 깨우쳐 주시기 위해 하나님이 내적 치유에 관한 설교를 사용하신다는 것을 나는 안다. 어떤 의미에서 이러한 설교는 대중을 상대로 하는 집단 상담이다. 이러한 대중 집회를 통해 놀라운 치유의 기적이 시작되는 것을 본 적도 있다. 그러나 모든 청중을 이런 식으로 인도하려고 애쓰는 것에는 상당히 회의적이다. 오늘날 치유 집회에서 일어나는 것들은 기적이라기보다 마술에 가까운 것 같다. 이 책에서 지금 소개하고 있는 세 단계를 거치지 않는다면, 다른 사람과의 관계나 태도가 완전히 변화하여 오래도록 지속되는 것은 기대하기가 어렵다. 이 과정에서 첫 단계는 상담자나 목회자, 믿을 만한 친구에게 문제를 솔직하게 털어놓는 것이다. "그러므로 너희 죄를 서로 고백하며 병이 낫기를 위하여 서로 기도하라"(약 5:16).

치유 기도

이 단계는 기억의 치유에서 매우 중요하다. 성령께서 실제로 치유하시려면 대화식 기도를 충분히 활용해야 한다. 즉, 내담자는 아픈 기억으로 남아 있는 특정 상황들을 떠올리고 눈에 그리듯 묘사하며, 함께 기도해 주는 사람은 상대방을 깊이 이해하고 공감하며 신뢰하는 것이다.

이런 특별한 기도를 통해 성령은 우리를 실제 사건이 일어난 과거로 데리고 가서 우리와 함께 그때의 고통스런 기억을 살펴보신다. 바로 그때 성령의 도우심으로 우리는 마치 그 사건이 일어난 곳에 실제로 있는 것처럼 그 당시 필요하던 것을 하나님께 친히 맡기며 기도하는 것이다.

이 기도 시간이야말로 기억의 치유에서 가장 중요한 핵심 부분이다. 기도를 하면서 치유의 기적이 시작되기 때문이다. 이런 기도가 없는 과정은 모두 단순히 자기 최면이나 자아도취, 감정 치료 요법에 지나지 않는다. 확실한 결과를 기대하려면 이 특별한 기도 시간을 건너뛰어서는 안 된다.

때때로 우리는 기도하지만 응답받지 못하기도 한다. 잘못된 것을 잘못된 동기로 구하기 때문이다(약 4:2-3). 우리의 기도는 올바른 목표에 맞추어져야 한다. 이 특별 기도 시간에는 성령께서 우리의 상담자가 되셔서 무엇을 기도해야 할지 명확하게 알려 주시고 순전한 동기로 기도하게 해주시는 기적이 종종 일어난다.

보통 우리는 기억에 남는 특별한 사건이나 관계에 대해 기도하는 것으로 시작한다. 그 두 가지 중 하나가 문제의 핵심이라고 보기 때문이다. 그런 기도를 드리는 동안 성령께서 우리의 겉껍질을 한 꺼풀씩 벗기셔서 우리가 마음 깊은 곳에 숨겨져 있는 문제의 핵심을 발견하도록 도우신다(이것은 굉장히 중요하기 때문에 나중에 좀 더 자세히 다룰 것이다).

우리는 타락한 자들이어서 우리에게 상처를 주는 사람들에게 죄성대로 반응한다. 그렇기 때문에 종종 특정한 기억을 선택하여 발전시킨다. 즉, 어떤 사실을 기억할 때 그 사실과 관련된 감정의 강도에 따라 왜곡되기도 한다는 것이다. 2장에서 신경 자극 세포와, 그 세포에서 뇌까지 정보를 보내는 과정을 설명할 텐데, 뇌로 전달되는 과정에서 많은 정보 가운데 일부는 받기 전이나 중간, 또는 받은 후에 변경될 수 있다.[1]

우리의 마음과 감정과 영적 태도는 기억을 자극하고 전달하는 과정에서 중요한 역할을 담당한다. 대부분은 치유에 필요한 통찰을 발견하는 데 거추장스러운 요소들을 제거해 줄 수 있다. 그래서 진리에 대한 예수님의 말씀이 반드시 필요한 것이다. "진리를 알지니 진리가 너희를 자유롭게 하리라"(요 8:32). 예수님은 성령을 "진리의 영"이라고 부르셨다(요 14-16장). 때로 우리는 할 수 있는 만큼 상담한 후, 진리의 성령께서 역사하시도록 기도드린다. 마치 병든 부분에 강력한 레이저 광선을 집중적으로 쏘아 고치는 것처럼, 성령께서는 이러한 기도 시간을 통해 역사하신다.

30대 미혼 남성인 잭은 좋은 직장을 다니고 아주 매력적이지만, 최근 우울증에 시달리고 있었다. 수년 전에 그리스도인이 되었지만 하나님이 그를 진정으로 사랑하신다는 것을 믿지 못하고 막연한 죄의식으로 가득 차 있었다. 그는 자신의 감정을 이렇게 표현했다. "주위에 보이지 않는 사슬이 나를 얽어매고 있어요. 하나님께 그 사슬들을 풀어달라고 계속 구하고 있지만 저에게는 그렇게 해주시지 않을 것 같은 기분이 들어요. 나는 소망도, 가치도 없는 존재라고 느껴져요."

그는 자신의 뛰어난 예술적, 음악적 재능에 대해서 말했다. "사람들은 내가 재능이 많다고들 해요. 주님을 위해 그 재능들을 사용하고 싶은데, 모든 것이 묶여 버린 것처럼 그 능력을 표현할 수가 없어요. 나는 나 자신에게 화가 나고, 하나님도 나에게 실망하고 계신 것만 같아요."

직장에서도 잭은 자신의 정당한 권리를 제대로 주장하지 못했다. 그러자 그의 상사나 동료가 그를 부당하게 대우했다. 그들은 심지어 그렇게 한 것을 그에게 사실대로 말하기도 했다. 잭은 왜 그렇게 되었을까? "그러지 않으면 전보다 더 따돌림을 당할까 봐 두려웠거든요."

나는 그가 말한 "전보다"라는 과거 시제를 주목하며 그 의미가 무엇인지 물어보았다. 그후 이어진 몇 번의 상담에서 그는 가족에게 지속적으로 거부와 멸시를 당한 일, 심지어 신체적으로 학대당한 일을 털어놓았다. 아버지가 고함을 치고 때리는 바람에 자다가 깨는 안 좋은 기억도 있었다. 이런 일은 종종 잠자리에 든 지 몇 시간 뒤에 벌어졌다. 잠자리에 들기 전, 아버지의 끈질긴 추궁에 못 이겨 이야기를 꾸며 잘못했다고 한 것이 화근이었다! 또한 소리를 지르며 값나가는 물건을 내던지고 깨뜨리는 어머니의 모습은 마치 무엇에 "홀린" 것 같았다. 그의 집에서는 언제 무슨 일이 일어날지 도저히 알 수 없었다.

우리가 대화를 나누는 동안 잭의 감정은 대부분 부모에게 방향이 맞추어진 것 같았다. 그런데 기도하는 중에 모든 것이 바뀌었다. 누나를 향해 걷잡을 수 없이 분노하기 시작한 것이다. 어쩐 일인지 잭의 누나는 이 불합리한 가정에서 특별한 대우를 받고 있었다. 지나가는 말로 그가 누나에 대해 언급한 적은 있었다. 힘든 상황에 처한 동생 잭을 도와줄 수 있었을 텐데도 그녀는 오히려 그를 더 곤경에 빠트렸다. 친구들에게 동생을 소개할 때마다 그녀는 비웃듯이 이렇게 말했다. "잭이 뭘 하든 신경 쓰지 마. 쟤는 좀 모자라거든." 실제로 그녀는 잭에 대해 이상하다고 생각하는 것들을 부모에게 말해서 잭의 처지를 더 난처하게 만들었다.

둘 모두 성장하여 부모님 집을 떠난 후, 한번은 잭이 누나에게 자신들이 서로에게 전혀 사랑을 표현하지 못한 사실에 대해 이야기했다. 그때 그녀는 이해나 위로의 말을 하기는커녕 화를 냈다. "그래서 나한테 원하는 게 뭐니? 껴안아 주기라도 할까?" 그 말에 잭은 몹시 상처를 받았다.

성령께서 내면 깊숙한 고통스러운 기억에서 나오는 그의 한숨과 탄식 소리를 감지하기 시작하셨을 때(롬 8:26-27), 잭은 가장 치유되어야 할 것이 바로 그 기억임을 정확히 보기 시작했다. 그가 가장 용서하기 힘든 사람은 부모가 아니라 누나였다. 한참 동안 자신의 분노와 씨름한 후에야 비로소 그는 성령께 "자신을 얽어매고 있는 사슬들을 마음에서 끊어 주시도록" 맡겼다. 그는 드디어 누나를 용서하고, 수년 동안 맺혀 있던 쓴 뿌리에 대한 하나님의 용서를 받아들였다. 이것은 모두 기도 시간에 얻은 결과였다. 이처럼 성령께서는 우리의 참된 상담자시자, 우리를 진리로 인도하시는 분이다.

기도 시간은 새로운 관점에서 이해하게 되는 계기가 되기도 하지만, 늘 새로운 능력의 시간이다. 바로 이 능력 때문에 기억의 치유가 단순히 심리요법으로 좋은 느낌을 갖게 해주는 치료들과 다른 것이다. 이 기도 시간에는 하나님의 능력이 우리의 인격 깊숙한 곳까지 꿰뚫어서 우리 안에 숨겨진 것을 찾아낸다. 기도한 뒤, 사람들이 내게 이렇게 말하는 것을 수백 번도 더 들었다. "내가 변하고 달라진 것 같긴 한데 조금은 회의적이었어요. 이 상태가 얼마나 오래 지속될지 정말 궁금했거든요. 실제로 나를 화나게 하는 사람과 부딪히거나 다시 그런 상황으로 돌아간다면 내 태도가 과연 달라질까? 그런데 말이지요, 나는 내가 정말 치유되었다는 걸 알았어요. 하나님이 그 일을 하셨습니다. 그리고 그 일은 우리가 함께 기도하는 동안 이루어졌다는 것도 알았습니다."

후속 조치

고통스러운 기억들은 우리의 삶과 융화되어 새롭게 재조정되어야 한다. 이 단계에서는 영구적인 변화가 이루어지도록 내담자와 상담자, 성령이 함께 잘못된 태도와 행동을 바꾸는 작업을 한다. 이 단계의 궁극적인 목표는 단순히 과거의 고통이나 정신적, 감정적 어려움에서 벗어나는 것이 아니라, 그리스도를 닮아가는 사람으로 성화되고 진정한 거룩을 경험하는 그리스도인으로 성장하고 성숙해지는 것이다. 그래야 치유된 사람이 다시 상담자가 되어 자신의 고통스러운 기억들을 다른 사람들의 삶을 위한 축복의 도구로 사용할 수 있을 것이다.

때때로 이러한 후속 조치는 매우 힘든 작업을 요구한다. 기억의 치유는 우리를 완전히 딴 사람으로 만들거나 변화된 행동을 보장하는, 자동 전산화 작업이 아니기 때문이다. 상처로 얼룩진 기억들이 낳은 실제적 비극은 단순히 옛날을 기억할 때 느끼는 강한 고통이나, 과거의 경험 때문에 어쩔 수 없이 느끼는 짓눌림만이 아니다. 이런 고통과 짓눌림 때문에 현재 내 삶의 상황에 적절하게 대처하지 못하고 올바른 대인 관계를 배우지 못한다는 것, 그리고 결국 그런 잘못된 방식이 우리의 성향을 이루어 자연스러운 생활 방식이 된다는 것이다. 우리는 날마다 훈련을 통해 역사하는 성령의 성화 능력에 힘입어 이러한 것들을 변화시켜 나가야 한다. 우리는 달라질 수 있다. 이제 우리는 고통과 짓눌림과 억압에서 해방되어 자유를 누릴 수 있다.

기억의 신비

메리는 몹시 흥분해 있었다. "흩어져 있던 퍼즐 조각들이 맞춰지는 것처럼 이제 모든 일이 잘되어 가는 것 같아요. 적어도 이제는 어디서부터 도움이 필요하고 무엇을 기도해야 하는지 알거든요. 희망, 아니 그보다 더 큰 것이 보여요. 남편과 저는 이제 곧 치유되리라는 것도, 모든 것이 크게 달라지고 있다는 것도 알아요."

나는 이 멋진 젊은 부부가 마음에 들었다. 두 사람 다 매우 매력적이고 지적이며, 서로 깊이 사랑하고 있는 것이 확연했다. 그들은 이상적인 그리스도인의 결혼 생활을 추구하려고 애쓰고 있었다. 그러나 다른 수많은 사람처럼 그들도 결혼 초기부터 계속 서로에게 상처를 주고받은 것 같았다. 함께 상담하면서 문제의 핵심이 분명해졌다. 메리의 지나친 예민함과 비현실적인 기대감이 문제였던 것이다.

때로 우리는 "언제라도 문제가 터질 것 같은" 사람을 보게 되는데, 메리가 바로 그런 사람이었다. 그녀는 언제 터져 나올지 모르는 고통으로 가득 찬 깊은 저수지 같았다. 지금까지 살아오면서 그녀가 만난 목회자나 교사는 모두 과거는 잊어버리고 그리스도 안에 있는 승리를 선포하라고 말했다. 그리고 현재와 미래에 잘 적응할 수 있는 새로운 삶의 기술을 개발하라고 권고했다.

그래서인지 내가 고통스러운 기억들을 간직하고 있지만 말고 그것을 글로 써서 나와 남편에게 나누라고 제안했을 때 메리는 무척 당황했다. 그녀는 기도하는 마음으로 신중하게 내 제안을 행동에 옮겼다.

때가 무르익었다고 느꼈을 때 우리는 깊이 있는 치유를 위한 기도 일정을 계획했다. 주님 앞에서 메리는 어린 시절과 사춘기에 겪은 가장 고통스럽고 수치스러운 경험들을 하나하나 떠올렸다. 함께 기도하면서 우리는 문자 그대로 "그때 그 상황"으로 돌아갔다. 그녀는 단순히 과거를 기억하기만 한 것이 아니었다. 마치 실제로 그 자리에 있는 것처럼 아주 구체적이고 생생하게 과거를 다시 경험하고 느끼고 있었다. 힘들긴 했지만 메리는 자신에게 상처를 준 여러 사람을 용서했다. 그리고 그녀는 오랫동안 그들에게 품었던 원통한 마음을 하나님이 용서해 주셨다는 것도 깨달았다.

한번은 메리가 기도하다가 갑자기 말을 멈추고 한동안 그대로 앉아 있었다. 나는 그녀에게 성령께서 새로운 것을 보여 주시면 서슴거리지 말고 주님께 기도하라고 말했다. 그러자 그녀는 "사랑하는 예수님"이라는 말로 기도를 시작했다. 어린아이 같은 목소리로 수년간 잊고 있던 것을 주님께 나누었다.

네 살 무렵, 가족과 함께 할머니 댁을 방문한 이야기였다. 어릴 적 메리는 몹시 수줍음을 타는 아이였다. 심지어 다른 사람에게 "안녕하세요"라거나 "감사합니다"라고 말하는 것조차 매우 어려워했다. 할머니는 손녀에게 주려고 작은 인형 이불을 손수 뜨개질해 놓았다. 할머니가 메리에게 인형 이불을 선물했을 때 부모님은 이렇게 말했다. "할머니께서 정성 들여 이렇게 예쁜 인형 이불을 만들어 주셨네. 정말 감사하다, 그렇지 않니? 메리, 할머니께 감사하다고 해야지."

그 일을 떠올리며 메리는 어린아이처럼 훌쩍였다. "예수님은 제가 할머니께 감사하다는 말을 얼마나 하고 싶었는지 아시죠? 그런데 목에 큰 덩어리가 걸려 있는 것 같아서 말을 할 수 없었어요. 말을 해보려고 애썼지만 결국 감정이 격해져서 나오지 않았어요."

메리는 몸을 들썩이며 흐느꼈다. 아직 그녀에게는 매우 깊은 상처가 남아 있었던 것이다. 나는 성경에 나오는 어린아이처럼 예수님 무릎에 앉아 있다고 상상해 보라고 권했다. 그제야 그녀는 다음 단계로 넘어갈 수 있는 용기를 얻었다. "옆에 있던 여동생이 그 인형 이불을 달라고 했어요. 그러자 엄마 아빠는 제게 고맙다는 말을 하지 않으면 그것을 동생에게 줘버리겠다고 하시더라고요. 그런데 제가 그 말을 하지 못하자 부모님은 진짜로 동생에게 인형 이불을 줘버리셨어요! 예수님은 제가 얼마나 그 말을 하고 싶어했는지 아시죠! 하지만 그런 저를 이해하거나 신경 쓰는 사람은 아무도 없었어요. 저는 너무 억울했어요. 정말 억울했다고요."

계속 기도하면서 메리는 이와 비슷한 경험들이 자신의 삶에 얼마나 큰 영향을 끼쳤는지 보았다. 그녀 마음속에 부모님과 동생을 향한 쓴 뿌리가 깊이 박혀 있었던 것이다. 이제 그것은 그녀에게 삶의 습관이 되어 버렸다. 불공평한 일을 당하거나 오해를 받을 때마다 그녀는 혀가 굳어져 입을 다물어 버리게 된 것이다. 결국 문제를 전혀 해결할 수가 없었다. 그래서 그 다음 상담 시간에는 그녀가 남편이나 다른 사람들에게 마음을 여는 새로운 방법을 터득하도록 도와줄 작업을 했다. 지금까지도 메리는 그때 그 치유의 기도 시간이 자신의 생애에서 전환점이 되었다고 생각한다.

이 책에서 소개하는 메리나 다른 사람들에게 무슨 일이 일어난 것인가? 그들은 곪은 상처와 같이 고통스러운 기억들을 치유하시는 그리스도를 깊이 만났다. 그 기억들은 영적인 삶과, 다른 사람들과의 외적인 관계를 저해하는 원인이 되어왔다. 이러한 경험을 사람들은 "기억의 치유"라고 부른다. 이 책은 바로 그 내용을 다루고 있다. 일단 그 내용을 더 깊이 다루기 전에 "기억"이라는 주제에 대해 현대 과학과 성경이 말하는 일반적인 사실들을 살펴보고자 한다.

기억, 경이로움의 대상

성경은 기억의 놀라운 능력을 다루지만, 다른 개념들과 마찬가지로 그 내용이 많거나 이론적으로 설명하지는 않는다. 성경 용어 색인을 살펴봐도 "기억"(memory)이라는 명사형 단어는 6번도 나오지 않는다. "기억"을 더 구체적으로 표현한 "기념의"(memorial)라는 단어는 25번 정도 나온다. 그러나 동사 형태인 "기억하다"(remember) 또는 "기억을 상기시키다"(call to mind a remembrance)라는 표현은 250번이나 언급되어 있는 것을 볼 수 있다. 그중 75번은 하나님과 그분의 기억에 관한 내용이다. 대부분 하나님이 어떤 것을 기억하라고 요청하신 것이다. 즉 그분의 언약이나 약속, 그분의 백성에 관한 것이다. 반면, 죄나 실수 같은 것들은 기억하지 말라고 하셨다. 나머지 175번은 하나님의 백성이 기억한 것이나 기억하지 못한 것에 대한 기록이다. 이들 중에는 반드시 기억하라고 명령한 것과 기억하지 말라고 명령한 것이 포함되어 있다.

성경은 기억을 하나님의 마음과 우리의 마음에서 가장 중요한 부분으로 여긴다. 기억은 하나님의 성품의 본질이며, 우리의 용서와 구원, 의로운 삶의 핵심이다. 기억하거나 기억하지 않는 하나님의 능력은 성경을 기록한 자들을 경이로움에 휩싸이게 하는 "하나님의 속성이나 지식의 한 부분"이다. 하나님의 형상을 따라 창조된 우리도 하나님께 속한 이 능력을 제한적이나마 가지고 있다. 성경 기자들은 이러한 인간의 능력을 경이와 찬양의 이유로 여겼다.

시편 139편을 예로 들어보자. 모든 것을 알고 기억하시는 하나님의 광대한 능력을 경이로워하는 시편 기자는 시편을 쓰기 시작하면서 그 주제를 곧바로 자신에게 적용한다. 그는 창조주께서 그를 어떻게 만드셨는지에 감탄한다. "이 지식이 내게 너무 기이하니 높아서 내가 능히 미치지 못하나이다 …… 내가 주께 감사하옴은 나를 지으심이 심히 기묘하심이라 주께서 하시는 일이 기이함을 내 영혼이 잘 아나이다"(시 139:6, 14).

하나님의 말씀은 정말 놀라울 정도로 정확하다! 이것은 우리가 삶에서 행하는 거의 모든 것의 기본이다. 그러나 가장 명석한 과학자와 의사, 심리학자들은 오늘날까지도 기억에 관한 이론을 만들어 내기 위해서 고민하고 있다.

신비로운 신체 기관, 뇌

"기억"이라는 이 신비로운 과정은 대체 무엇인가? 수년 전에 갔던 장소나 만났던 사람들을 어떻게 다시 기억해 낼 수 있을까? 과거에 지나간 것이 뇌 어딘가에 저장되어 있기 때문이다. 그러나 이것은 다른 여러 신비 가운데 하나일 뿐이다! 지난 50년 동안 연구가 크게 진전되긴 했지만, 뇌는 여전히 인간의 신체 기관 중 가장 해석하기 어려운 부분으로 남아 있다.

〈리더스 다이제스트〉(Reader's Digest)에서 인체의 여러 부분과 기능을 주제로 연재 기사를 실었을 때 처음에 소개된 것이 뇌였다. 뇌는 심장, 폐와 더불어 복잡한 인체 기관으로 분류된다. 우리는 그중에서도 뇌가 가장 복잡하다는 것을 알고 있다. 심장이나 폐는 인공으로 만들어 생명을 유지시킬 수 있지만, 뇌는 대체할 수 없기 때문이다. 가끔 저조하게 활동하거나 잠시 쉬는 때는 있지만 우리가 살아 있는 한 뇌는 결코 활동을 멈추지 않는다.

뇌는 약 1.4킬로그램으로 "매우 복잡한 물질이다. 어둡고 따뜻한 곳에 감춰져 있으며, 소프트볼 공만 한 담회색 덩어리로 축축하고 탄력이 있다."[2] 가느다란 줄기(척수) 꼭대기에 달린 한 송이 꽃 같은 이 물질은 머리카락이나 치아 뿌리부터 손끝과 발끝까지 우리 몸 구석구석을 아주 가느다란 섬유질로 연결하고 있다. 이것은 모든 창조물 가운데 가장 정교한 통신 센터다.

의학계에서 발표한 통계는 더 놀랍다. 뇌 속에 있는 신경세포는 약 130억 개다. 이 세포들은 각각 대부분 가까운 곳에 있는 다른 신경세포 5,000개와 연결되어 있다. 어떤 신경세포는 50,000개나 되는 세포와 연결되어 있다. 이 숫자는 "천문학적"이라는 말로도 충분히 설명할 수가 없다. 뇌 하나에 연결되어 있는 신경세포가 모든 은하계에 있는 별보다 훨씬 많기 때문이다! 그러나 이것은 시작에 불과하다.

신체 곳곳의 전략적인 지점에 파수병처럼 배치되어 있는 감각 기관들이 뇌에 정보를 제공한다. 피부를 예로 들어보자. 피부 속에는 아픈 것에 민감한 통증 감지 세포가 400만 개, 만지거나 누르는 것을 느끼는 세포가 50만 개, 온도를 감지하는 세포가 20만 개에 이른다. 여기에 중요한 신체 기관인 귀, 눈, 코, 혀 등을 합해 보자. 얼마나 어마어마한지 짐작이 될 것이다.

하나님보다 조금 못한 존재

"기억"이 이처럼 신비롭게 여겨지는 것은 믿기 어려울 만큼 복잡한 뇌의 조직 안에 뿌리를 내리고 있기 때문이다. 또한 기억은 뇌의 조직망을 초월하는 마음의 일부분이다. 인간의 마음은 기억을 움직이는 조직과 뚜렷이 구별되며, 그보다 위대하다.

뇌를 연구하는 과학자들은 곧 자신이 물질적인 특성을 뛰어넘어 철학적 이론에 몰두하고 있음을 깨닫게 된다. "물리적 형체인 뇌가 어떻게 비물질인 마음과 밀접하게 상호작용하는가?" 이처럼 영혼과 감정이 몸과 마음에 어떻게 영향을 끼칠 수 있는지 등을 질문하게 된다.

성경은 과학 교과서가 아니기 때문에 이러한 질문들에 공식적인 해답을 주지는 않는다. 그러나 우리가 하나님이 창조하신 전인적 인격체라는 사실을 보여 준다. 비록 하나님의 형상대로 만들어지긴 했지만 우리가 그분의 마음을 이해할 수 없는 것처럼, 우리 자신의 마음에 대해서도 모두 이해하지는 못한다. 성경이 말하는 영, 육, 혼은 인간 존재가 완전한 연합체라는 것을 의미한다. 성경 어느 곳에서도 인간의 뇌와 인격체를 분리하지 않으며, 더욱이 몸이나 영혼과 분리하지 않는다. 성경은 늘 인간의 생명 전체를 강조한다.

지금 하는 이야기가 기억이라는 주제에서 벗어나는 것처럼 보일 것이다. 그러나 그렇지 않다. 우리가 무언가를 기억한다는 것은 단순히 뇌에 저장된 과거 영상을 말하는 것이 아니라 전인격을 통한 경험을 다루는 것이기 때문이다.

기억이란 마음속에 남아 있는 영상에 따른 행동과 관련된 감정, 생각, 습관, 태도, 성향을 모두 포함한다. 바로 이것이 성경에서 말하는 기억의 개념이다. 또한 우리는 그러한 식으로 무언가를 기억해낸다. 성경에서 "주를 기억하라"는 말은 단순히 마음속에 하나님의 모습을 떠올리라는 뜻이 아니다. 우리의 모든 생각과 행동의 초점을 하나님께 맞추라는 것이다. "청년의 때에 너의 창조주를 기억하라"(전 12:1)는 말씀에도 같은 원리가 적용된다. "안식일을 기억하여 거룩하게 지키라"(출 20:8)는 말씀도 마찬가지다. 이 말씀들은 단순히 그것을 생각하거나 반성하는 수준의 지적, 영적 훈련을 요구하는 것이 아니다. 삶의 우선순위를 정하고 예배드리거나 행동하는 데 따라야 할 삶의 영적 원리를 우리의 전인격에 호소하는 것이다.

기억에 대한 통전적인 개념은 최근 두뇌와 행동에 관해 이루어진 모든 연구 결과와 완전하게 일치한다. 오늘날에는 주로 우리 몸 전체를 뇌에서 연장된 부분으로 여긴다. 몸의 각 세포를 뇌의 축소판으로 보는 것이다. 모든 것이 연결되어 서로 연관을 맺고 있다. 혈액이 순환하듯이, 정보와 지시 사항이 전달되고 반응하는 것이 두뇌에서 신체 각 부분으로 계속 오고 간다. 각 사람의 독특한 인격은 이 모든 것과 연관되어 있는 한편, 그것을 초월한다.

시편 8편 5절은 하나님이 사람을 "하나님보다 조금 못하게" 만드셨다고 말한다. 우리로 하여금 과거의 모든 지식을 모으고 상상력을 발휘하여 새롭고 놀라운 미래를 창조할 수 있게 해주는 이 "기억"은 참으로 놀라운 선물이다. 시편 기자가 그런 자신을 감탄한 것도 이상한 일이 아니다.

> [주께서] …… 영화와 존귀로 관을 씌우셨나이다 …… 만물을 그의 발아래 두셨으니 …… 여호와 우리 주여 주의 이름이 온 땅에 어찌 그리 아름다운지요(시 8:5-6, 9)

기억은 어디서 시작되는가

> 어린아이들과 젖먹이들의 입으로 권능을 세우심이여(시 8:2)

시편 8편 2절은 잘 알려진 말씀이다. 이 말씀이 기억과 관련되어 있음을 알게 된 것은 얼마 되지 않는다. 어린아이 때의 아픈 기억이 어른이 된 뒤에도 영향을 끼친다는 사실에 나는 늘 놀란다. 내적 치유 사역을 시작하기 수년 전만 해도 나는 어린 시절의 기억을 그다지 신뢰하지 않았다. 그런데 출생 전의 어떤 기억들을 치유하는 기도를 하면서, 어린 시절의 기억을 신뢰하지 않던 생각을 서서히 그러나 확실하게 버리게 되었다.

자살 충동을 일으키는 우울증이 반복되던 한 젊은 남자의 경우, 어머니가 그를 임신한 지 8개월쯤 되었을 때 가족 중 한 사람이 자살한 것을 목격했다는 사실을 그에게 말해 주어서야 조금씩 치유되기 시작했다. 그는 우리가 상상하기 어려운 무시무시한 죽음의 장면들을 계속 이야기했다. 그 당시 우리는 그가 받은 악한 영향이 무엇이든 간에 성령께서 그를 치유해 주시길 기도했다. 그의 가족을 모두 치유해 주셔서 사망에서 생명으로 옮겨 주시길 하나님께 간구했다. 그 일을 계기로 그는 두려움과 우울증에서 벗어날 수 있었다.

입양된 사람들은 자신이 입양되었다는 사실을 받아들여야 한다. 양부모가 세상에서 가장 훌륭한 사람일지라도 예외가 아니다. 어느 날, 메이비스가 내 사무실에 앉아 있었을 때 내가 해준 말도 그런 내용이었다. 하나님이 그녀를 치유하고 계셨지만 아직도 그녀를 괴롭히는 것들이 남아 있었다. 메이비스는 양아버지를 깊이 사랑했고 사이도 좋았다. 그러나 자신이 태어나기도 전에 돌아가신 친아버지에 대해서는 전혀 알지 못했다. 메이비스는 예리하고 논리적으로 사고하는 머리 좋은 학생이지만, 내 말이 그녀에게는 꽤 어렵고 이상하게 들렸다. 그녀는 내 책 《상한 감정의 치유》(두란노)에서 베티 이야기를 다루고 있는 12장을 읽기로 했다. 다음 내용은 메이비스가 힘겹게 치유된 이야기다.

> 자리에 앉아 베티 이야기를 읽고 있는데, 갑자기 눈물이 흐르기 시작했습니다. 베티의 아버지는 베티가 세 살 때 떠났습니다. 시맨즈 박사님과 상담하고 있을 때, 그녀는 다시 어린아이로 돌아간 듯한

목소리로 고통스럽게 부르짖었습니다. "아빠, 제발 저를 떠나지 마세요!"

그 부분은 꼭 제 처지를 말하는 것만 같았습니다. 그 말들은 마치 살아 있는 생명체처럼 제 마음 깊은 곳에 있는 무언가를 건드렸습니다. 전에는 있는지조차 모르고 있던 것을 말이죠. 22년 전, 아직 어머니 자궁 안에 있을 때 제가 부르짖던 외침처럼 들렸습니다. 사실 아버지는 제가 태어나기 3개월 전에 암으로 돌아가셨거든요.

제게 무슨 일이 일어나고 있는지 미처 이해하지 못한 채 저는 산책을 하러 밖으로 나갔습니다. 당시 느껴진 기묘한 감정과 눈물이 몹시 강렬하고 실제적이어서 모른 체하거나 눌러 버릴 수가 없었습니다. 초저녁 몇 시간 동안 저는 동네를 배회했습니다. 그러고는 어떤 것이 되었든 마음속에서 솟아나는 감정을 전부 느껴보기로 했습니다. 그러자 제 마음은 아버지의 죽음과 연관된 감정으로 꽉 차버리고 말았습니다. 참으로 놀라운 일이었습니다.

마치 과거 아버지의 병원 침상 옆에 계셨던 어머니의 자궁 안으로 돌아가 있는 것 같았습니다. 자궁 안에서도 어떻게든 제가 있다는 사실을 알리려고 무척 애썼습니다. 돌아가시기 전에 아버지가 저를 보고, 만지고, 입 맞추고, 사랑하시길 바라며 온 힘을 다해 발길질을 하고 몸부림쳤습니다. "아빠, 제발 죽지 마세요. 죽으시면 안 돼요. 제발 돌아가지 마세요. 아빠는 아직 저를 보지도 못하셨잖아요. 제가 아들인지 딸인지조차 모르시잖아요. 아빠, 제발 죽지 마세요!"

길을 걷는 동안 주체할 수 없이 눈물이 흘렀습니다. 생전 처음 저는 아버지의 죽음을 애통해하고 있었습니다. 어른이 되고 나서 아버지의 죽음을 생각하며 눈물을 흘린 적은 있지만, 그때와 같은 눈물과 아픔은 처음이었습니다. 성인이 된 제가 오래전 어머니 배 속에 있을 때 느낀 것과 같은 고통과 갈등을 경험하고 있었습니다. 아직도 저는 어머니 배 속에 있는 태아가 자기 아버지의 죽음을 슬퍼한다는 것이 믿겨지지 않습니다. 그러나 한편으로는 생각지도 못하게 겪은 그 생각과 감정과 치유를 부인할 수가 없습니다. 정말이지 매우 강렬하고 생생하고 자연스러워서, 그 모든 것을 부인할 수 없었습니다.

1983년 8월 15일자 〈타임〉지는 표지 기사로 "아기는 무엇을 아는가? 그것을 언제 아는가?"를 다루었다. 그 기사는 세계 여러 나라에서 시행한 수백 개의 의학 실험과 행동 실험 보고서를 인용했다.

인간의 생명에 대한 가장 놀라운 수수께끼는 "갓 태어난 아기가 세상에 태어날 때 무엇을 아는가", 그리고 "태어난 후 첫 해 동안 그 지식을 어떻게 정리하고 사용하기 시작하는가"다. 수많은 새로운 방법으로 증명되고 있는 기본적인 해답은 이렇다. 아기는 대부분의 사람들이 생각하는 것보다 훨씬 많은 것을 보고, 듣고, 이해한다. 그리고 자기를 보살펴 주는 어떤 어른과도 사귈 수 있는 유전적 능력을 이미 갖추고 있다.[3]

이러한 연구에서 가장 중요한 결과는 아기가 아직 말을 하기도 전에 이미 생각하고 배우고 기억하기 시작한다는 사실이다. 이 연구 논문은 이렇게 말하고 있다. "언어가 도구로 사용되기도 전에 지적 능력은 그 기능을 발휘한다. …… 아기는 서로 다른 종류를 구분하는 중요한 능력을 가지고 있다. 한때는 이렇게 하려면 언어가 필요하다고 생각했다. 어떻게 이름도 없는 것들을 구분할 수 있는가? 그러나 아기는 단어를 몰라도 인식한 것을 체계화할 수 있다." 이 논문은 아기가 어떻게 일찍부터 모양, 소리, 색깔, 냄새와 같은 무언의 언어(unspoken language)뿐 아니라 사람들과 관계 맺고 반응하는 언어까지 배우는지를 설명하고 있다. 그들은 놀랍게도 말을 배우고 사물이나 사람을 구분하는 단어를 알기 훨씬 전부터 특별하고 다양한 것을 기억한다.

그렇다면 이러한 기억의 영역은 어느 지점까지 거슬러 올라갈 수 있는가? 〈타임〉지의 기사 내용이다. "연구 자료에 따르면 유년기부터 초기 유아기, 심지어 출생 이전까지 거슬러 올라간다!"[4]

캐나다의 신경학자이자 정신과 의사인 토머스 버니 박사는 그의 책 《태아의 신비로운 생명》(The Secret Life of the Unborn Child)에서 태아의 기억력을 강하게 옹호하고 있다. 버니 박사는 태내 아기의 성장 발달을 연구하며 다음과 같은 결론에 이르렀다.

> 태아의 기억력이 정확히 언제 시작되는지 집어내기는 어렵다. 그러나 태아가 7개월째에 접어들 무렵, 기억의 흔적들이 태아의 뇌를

가로질러 작은 조각처럼 자리를 잡기 시작한다. 어떤 학자들은 6개월이 지나면 태아가 기억할 수 있다고 주장하고, 또 어떤 학자들은 8개월 전까지는 그런 능력이 없다고 한다. 그러나 이러한 논란과 상관없이 태아에게 기억하는 능력이 있다거나 머릿속에 기억을 간직한다는 주장에는 의심할 여지가 없다. 우리는 태아가 6개월부터는 확실히 그의 중추신경을 통해 메시지를 받아들여 처리하고 암호로 전환시킬 수 있다는 것을 어렵지 않게 추론할 수 있다. 7개월 초에 신경학상의 기억이 확실히 존재한다는 것은 7개월이 지나면 아기가 조산되더라도 "인큐베이터"의 도움으로 생존할 수 있다는 사실을 통해 증명된다.

버니 박사는 태아와 갓난아기의 기억에 대한 흥미로운 여러 예화를 통해 그의 주장을 확증하고 있다.

오늘날 많은 사람에게는 과장된 것처럼 들릴지 모르지만, 우리의 먼 윗세대는 태중의 영향력을 기정사실로 받아들였다. 그래서 가끔 우스꽝스러운 일들이 있기도 했지만 말이다. 아랫동네에 사는 한 작은 소년의 코가 왜 그렇게 길고 못생겼는지에 대해 우리 할머니가 이웃집 사람에게 해주신 설명을 아직도 기억한다. 그 소년의 어머니가 임신했을 때, 동물원에 자주 가서 코끼리를 너무 오래 쳐다보았기 때문이라는 것이다! 옛날 분들의 이런 이야기들이 꾸며 낸 이야기만은 아니다. 원시 종족에서는 대부분 임신부가 무서운 일을 겪지 않도록 세심하게 보호한다.

여성 2,000명을 대상으로 임신과 출산에 대해 연구한 독일 프랑크푸르트 콘스탄츠 대학의 모니카 루케쉬 박사는 아기를 대하는 어머니의 태도가 아기에게 가장 큰 영향을 준다는 결론을 내렸다. 두 번째로 영향을 주는 것은 남편과의 관계이며, 그것은 태아에게 결정적인 영향을 준다는 것을 발견했다.

오스트리아 잘츠부르크 대학의 게르하르트 로트만 박사도 매우 비슷한 결론을 내렸다. 심지어 그는 태아가 매우 섬세한 감정도 분별할 수 있다고 주장한다. 로트만 박사는 동정녀 마리아가 사촌인 엘리사벳을 방문해서 천사가 찾아온 일과 약속한 메시아에 관한 일을 이야기한 성경 말씀을 그 예로 들고 있다. 엘리사벳은 기쁨에 넘쳐 외쳤다. "보라 네 문안하는 소리가 내 귀에 들릴 때에 아이가 내 복중에서 기쁨으로 뛰놀았도다"(눅 1:44).

그러나 우리는 태아기의 일을 지나치게 강조하지 않도록 주의해야 한다. 태아기의 일에 관해 알고 있는 지식이 아직도 매우 미미하기 때문이다. 그런데도 이 이야기를 하는 이유는 태아기의 일이 매우 신비롭다는 것을 보여 주기 위해서뿐 아니라, 기억을 치유할 때 어떤 경우에는 출생 전 요인들을 다루어야만 할 수도 있다는 것을 제안하기 위해서다. 하나님은 젊은 예레미야를 태아기 때 이미 부르셨다고 말씀하셨다. "내가 너를 모태에 짓기 전에 너를 알았고 네가 배에서 나오기 전에 너를 성별하였고"(렘 1:5). 하나님은 그를 선지자로 부르셨음을 상기시키셨다. 선한 일에 이처럼 놀라운 능력을 사용하시는 하나님은 우리가 기억하지 못할 만큼 오래된 아픈 상처도 치유하실 수 있다.

인간의 기억력도 놀라워할 만하지만, 하나님의 기억은 더 믿어지지 않을 정도다. 예레미야가 그 점을 가장 명확하게 말해 주고 있다. "내가 그들의 악행을 사하고 다시는 그 죄를 기억하지 아니하리라"(렘 31:34). 모든 것을 아시는 하나님이 어떻게 특정한 것을 기억하지 않으실 수 있을까?

이 구절은 새 언약에 관한 것이다. 하나님이 십자가의 그리스도를 통해 우리 죄를 씻어 주셨다. 우리를 용서하실 때 하나님은 자신이 용서한 것을 정말로 다 잊어버리신다. 그러기 위해 어쩌면 하나님 자신이 일종의 기억 치유의 시조가 아닐까? 얼마나 놀라운 일인가! 분명히 우리는 위대한 신비를 체험하고 있다. 이 신비는 감탄과 찬양으로 이어진다!

3장
기억 치유의 성경적 근거

기억의 치유가 우리의 믿음과 실천에서 최종 권위인 성경에 근거하고 있음을 이해하는 것은 매우 중요하다. 어떤 사람들은 성경이 내적 치유를 정확하게 정의하고 있지 않다는 이유로 어떤 형태의 내적 치유든 모두 거부한다. 그러나 그러한 논리를 모든 것에 적용한다면 광신적인 신앙으로 기울 수도 있고, 심지어는 위험한 극단주의자가 될 수도 있다. 즉 단추가 달린 옷을 입지 않는다든지, 자동차를 타지 않는다든지, 교회에서 피아노나 오르간, 음향 시스템을 사용하지 않는다든지, 병에 걸린 아이에게 페니실린 사용을 금지해서 죽게 만든다든지 하는 것들이다. 그것은 실제로 모든 진리가 하나님에게서 왔고, 삶의 어느 영역에서든 새로운 통찰력과 발견은 하나님의 영광과 인간의 유익을 위해 써야 할 영적인 의무가 있다는 사실을 부인하는 것이다.

진정한 문제는 우리가 실제로 적용하는 것이 특별한 형태나 현재 우리가 사용하는 언어로 성경에 나타나 있는지가 아니다. 그보다 실제 적용이 성경 원칙에 부합하는지 아닌지를 가려내는 것이다. 이런 기본 교리에 따라 그리스도인들은 의학, 사회학, 수학, 물리학, 심리학과 같은 많은 영역에서 쏟아져 나오는 새로운 진리와 통찰력, 발견들에 감사해야 한다. 성경적 가르침을 살펴볼 때 우리는 기억의 치유를 뒷받침해 주는 원리를 발견할 수 있다.

어린아이의 일을 버리라

영적으로 성장하기 위해서는 어린아이의 일을 버려야 한다. 신약에는 어린 시절을 가리키는 두 가지 다른 헬라어가 나온다. 이 두 단어를 정확하게 구분하는 것이 중요하다.

"파이디온"(*paidion*)은 건강하고 정상적인 의미의 어린 시절을 가리키는 단어다. "Pediatrics"(소아과)와 "Pediatrician"(소아과 의사)이라는 단어가 여기에서 비롯되었다. 예수님이 어린아이를 앞에 안으시고 제자들에게 어린아이처럼 겸손하고 배우려는 태도가 필요하다고 말씀하실 때, 이 "파이디온"이라는 단어를 사용하셨다. 예수님은 한 걸음 더 나아가 이렇게 말씀하셨다. "너희가 돌이켜 어린아이들과 같이 되지 아니하면 결단코 천국에 들어가지 못하리라"(마 18:3). 우리는 아이들에게 자라서 어른처럼 되라고 말하는 반면에, 예수님은 어른들에게 어린아이와 같이 되라고 말씀하셨다.

오늘날 우리는 "어린아이와 같은"이라는 말을 좋은 의미로 사용한다. 성경은 우리에게 "어린아이와 같은" 믿음과 겸손을 지니고, "어린아이처럼" 다른 사람을 용납하고 솔직해질 것을 촉구한다. 우리는 성인이 되어서도 이러한 "어린아이와 같은" 성품을 절대 버려서는 안 된다.

어린 시절을 가리키는 또 다른 헬라어는 "네피오스"(*nepios*)로, 건강하지 못하고 비정상적인 어린 시절을 가리킨다. "네피오스"는 유아기와 유년기를 지나 그 이상의 단계까지 성장해야 할 부분이 자라지 못하고 여전히 어린아이 같은 유치한 상태에 머물러 있는 것을 말한다. 아이답게 행동하는 아이를 보는 것만큼 기분 좋은 것은 없다. 반면 어른인데도 여전히 어린아이처럼 행동하는 것만큼 끔찍한 모습도 없다. 그러한 행동은 심각한 지장을 줄 수 있으며 때로는 파괴적이기까지 하다. 오늘날 우리는 이러한 사람을 "어린아이처럼 유치하다"고 표현한다. 그의 행동이 극도로 유치하면 심지어 "애 같다"고까지 한다.

"네피오스"는 바울이 영적으로 성숙하지 못한 사람들을 가리킬 때 사용한 단어다(롬 2:20; 갈 4:1; 고전 3:1). 위대한 사랑 장인 고린도전서 13장에서 바울은 이렇게 썼다.

> 내가 어렸을 때에는 말하는 것이 어린아이와 같고 깨닫는 것이 어린아이와 같고 생각하는 것이 어린아이와 같다가 장성한 사람이 되어서는 어린아이의 일을 버렸노라(11절)

여기에서 바울은 정신적인 것과 영적인 것 모두 미성숙한 것을 말한다. 혹시 이 구절이 위대한 사랑 장 중간에 잘못 끼어든 것은 아닌가 생각할지 모르겠다. 전혀 그렇지 않다. "아가페" 사랑의 특성과 행동은 감정적, 영적 성숙을 요구하고 있기 때문이다. 그러나 우리가 어린아이(네피오스)와 같은 일을 버리기 전까지는 결코 그 수준에 도달할 수 없다.

바울이 "버리다"라는 뜻으로 사용한 단어는 "작동하지 못하게 하다, 활동하지 못하게 하다, 힘을 잃어버리다, 의미와 중요성을 제거하다, 묶여 있거나 매여 있는 상태에서 자유로워지다"라는 강한 의미의 헬라어 "카테르게오"(*katergeo*)다. 단순히 나이가 들었다고 성숙해지지는 않는다. 나이로는 성인이 되었어도 정신적으로 어린아이일 수 있다. 어린아이의 일을 끝내려면 그것을 행동으로 옮기는 결단이 필요하다.

이러한 성경적 원리는 치유받아야 하는 사람들에게 기억의 치유가 필요하다는 사실을 뒷받침해 준다. 성숙을 방해하는 문제들을 우리는 "억압된 감정"이라고 부른다. 억압된 감정은 사람들을 정서적으로 속박한다(이 표현은 놀라울 정도로 정확하다). 고통스러운 기억을 한 번도 직면하지 않았거나 그것에서 자유로워진 적이 없는 사람은 특정한 연령과 그 발달 단계에서 벗어나지 못한 채 남게 된다. 몸과 마음은 어른처럼 성장했지만 그들의 감정적 성숙은 절대로 특정 수준을 넘지 못하는 것이다. 그 특정한 지점에 걸려 억압되었기 때문에 "성격적 또는 정서적 억압"이라는 용어를 사용한다. 이처럼 억압된 감정은 대부분 나사를 조이듯 우리를 얽매고 묶고 있는 기억에서 비롯된다. 이 고통스러운 기억은 마치 수영하는 사람이 짊어진 큰 짐과 같다. 그 짐은 몹시 무거워서 간신히 물에 뜨는 정도다. 그들은 감정적, 영적으로 매우 많은 힘을 소비하기 때문에 더 이상 나아갈 수가 없다.

휠과 아내 자넷은 몇 개월 동안 결혼 상담자를 찾아다니다가 나에게 도움을 청하러 왔다. 서로 매우 사랑했고 두 사람 모두 결혼 생활을 유지하기 위해 무척 애쓰고 있었다. 열심히 노력하겠다는 의지를 표시했으며 휠의 행동은 그 의지를 그대로 보여 주었다. 그 부부의 문제는 휠이 아내를 향한 깊은 사랑을 말과 몸으로 표현하지 못한다는 것이었다. 물론 이 문제는 두 사람에게 여러모로 영향을 끼쳤다.

자넷은 감정적인 만족을 얻지 못했고, 급기야는 화를 잘 내고 참지 못하는 사람으로 변했다. 남편은 집안일을 잘 돕는 것으로 아내의 감정적인 만족을 보상하려고 노력했다. 그리고 실제로 지나치게 많이 돕는 바람에 종종 아내가 할 일까지 해버리는 일도 있었다. 그러면 자넷은 남편이 자기 일을 방해하고 자기의 가정관리 능력을 과소평가한다고 해석했다. "물론 남편이 도우려는 것을 고맙게 생각해요. 그런데 그런 도움은 오히려 남편이 제 살림 방식을 맘에 들어 하지 않는 것처럼 느끼게 만들어요." 결국 이 부부는 부정적인 감정의 악순환이 점점 깊어졌다.

이제까지 그들의 결혼 상담자는 오직 한 가지 방법만 사용한 것 같았다. 즉 상황을 분석하고 문제가 무엇인지 알아본 것이다. 그리고 나서 나쁜 감정을 일으키는 행동을 기도와 노력으로 변화시키려고 했다. 이것은 꽤 괜찮은 방법이고, 많은 경우 놀라운 결과를 가져온다. 그러나 유일한 방법은 아니다. 억압된 감정을 먼저 처리하지 않고는 태도와 행동이 변화되기 어려운 사람이 많기 때문이다. 대인 관계 문제는 대부분 내적 원인을 먼저 치료해야만 한다.

휠은 열 살 때 어머니가 돌아가셨다. 그 후 수년간 아버지와 둘이서만 살았다. 얼마 후 아버지는 술을 지나치게 마시기 시작했다. 그리고 휠을 육체적으로, 때로는 성적으로 학대했다. 집이 늘 지저분하고 더러웠기 때문에 그는 한 번도 친구들을 데려오지 않았다. 아버지와 잠자리를 같이하는 여자가 몇 년간 줄을 이었다. 어린 나이의 휠이 짊어져야 할 책임은 지나치게 무거웠다. 그는 고독한 아이가 되어갔다.

하루는 상담하고 있는데 휠이 자기 이야기를 하면서 자신의 감정에 빠져들었다. 눈물을 머금고 떨리는 목소리로 그는 이렇게 말했다. "저는 어떤 것도 제가 느낀 것을 있는 그대로 받아들이지 못한 채 모든 상황에 적응하는 법을 배운 것 같아요. 때때로 행복한 경험을 한 순간에도 좋은 감정을 느끼는 것을 감히 허용하지 않았어요. 그 감정이 오래 지속될 수 없다는 걸 알았거든요. 저는 우는 것이라든지 슬픔에 잠기는 것도 감히 허용하지 않았습니다. 계속

견뎌내야 했으니까요. 솔직히 말씀드리면 저는 스스로 감정을 느끼는 것을 두려워하고 있었습니다. 그리고 지금은 어떻게 느끼는지조차 모를 정도로 무감각해졌습니다."

휠은 특이한 요청을 했다. 고통스러운 기억을 치유하는 기도 시간에 자넷이 옆에 있어 주길 원한 것이다. 그녀는 마치 그가 필요로 한 어머니처럼 깊이 이해하는 마음으로 그를 붙들었다. 그렇게 우리는 함께 울며 기도했다. 휠은 언짢고 고통스러운 많은 기억을 담대하게 대면해야 했다. 그러한 기억들이 떠오르면서 그는 아버지에 대해 많은 것을 용서해야 했고, 그가 품었던 원통함에 대해 하나님께 용서받아야만 했다.

과거의 쇠사슬에서 자유로워지자 휠은 행동을 바꾸기 위해 권고받은 사항들을 아내와 함께 시도할 수 있었다. 물론 결코 쉬운 일은 아니었다. 힘든 일이었고 많은 격려와 상담이 필요한 일이었다. 그러나 적어도 과거에 불가능하던 것이 이제는 가능해졌다. 그 이유는 무엇인가? 그러한 변화를 위해 요구되는 특별한 사랑은 먼저 "어린아이의 일"을 내쫓기 전까지 불가능하기 때문이다. 즉 "내쫓는다"(katargeod)는 것은, 그가 현재 성인으로서 추구하는 노력을 방해하는 세력이 "활동하지 못하게 하며 무력하게 한다"는 뜻이다.

기억의 치유를 통해 휠은 이제 자신의 감정을 억누르지 않고 느낄 수 있게 되었다. 이것은 자넷을 향한 감정을 어떻게 표현할지를 배우는 데 반드시 필요한 첫 단계였다. 그리고 이런 종류의 내적 치유야말로 우리가 지금까지 언급해 온 성경적 원리와 완전하게 일치하는 것이다.

지금도 도우시는 그리스도를 인정하라

예수 그리스도는 영원히 우리와 같은 시대를 사시는 분이며 시간의 주인이자 우리의 치유자시다. 또한 그의 성령께서는 지금도 우리를 도와주실 수 있다. 기억의 치유에서 가장 중요한 부분은 치유를 위한 기도 시간이다. 이 시간에 우리는 상상력을 동원하여 고통스러운 기억을 회상해 내려고 노력한다. 과거 그 일이 일어났을 때처럼 실제로 그것을 떠올려 그대로 영상화하는 것이다. 그리고 마치 그 자리에 있는 것처럼 하나님께 기도한다. 그때는 요청하지 못했지만 과거 그 상황에서 하나님께 기도했더라면 들어주셨을 것을 지금 응답해 달라고 부탁드린다. 더 이상 자랄 수 없게 만든, 어린 시절에 겪은 그 상처를 치유해 달라고 하나님께 부탁드린다. 오래전에 일어난 일인데 어떻게 이러한 간구가 가능할 수 있을까? 오늘 우리가 하는 기도가 어떻게 과거에 내재해 있던 어린아이나 청소년에게 영향을 줄 수 있을까?

성경은 그리스도가 과거와 현재, 미래까지 시간을 초월하시는 주권자라고 말한다. 실제로 그분은 영원히 우리와 같은 시대를 사시는 분으로, "어제나 오늘이나 영원토록 동일하시다"(히 13:8). 세례 요한은 사람들에게 예수님을 이렇게 소개했다. "내가 전에 말하기를 내 뒤에 오시는 이가 나보다 앞선 것은 나보다 먼저 계심이라 한 것이 이 사람을 가리킴이라"(요 1:15). 즉 그분은 요한이 태어나기 전부터 계셨다는 뜻이다! 또 다른 구절에는 놀랍게도 시제가 섞여 있다. 유대인들이 "네가 아직 오십 세도 못 되었는데 아브라함을 보았느냐"고 비아냥거리자 예수님은 "진실로 진실로 너희에게 이르노니 아브라함이 나기 전부터 내가 있느니라"(요 8:57-58)고 하신 것이다.

그리스도께서 육신을 입고 이 세상에 계시는 동안 이런 말씀을 하실 수 있었다면, 부활하여 승천하시고 영화롭게 되신 그리스도에 대해 그 같은 말은 매우 당연한 것이다. 인간의 삶은 시공간에 제한받지만, 그분은 그것을 초월하신다. 실제로 부활하신 후 예수님은 때와 장소를 가리지 않고 수차례 나타나셨다. 그분께는 모두 현재 시제다. 그러나 시간과 공간에 제한받는 우리는 그리스도께서 상처 입은 사람들의 "과거로 찾아오셔서" 고쳐 주신다고 말한다. 우리의 한계 때문에 그분이 이것을 어떻게 하시는지 이해하지 못하지만, 그 일을 이루시는 주님을 눈앞에 그려 보듯 선명하게 영상화할 수는 있다. 성경에 근거하여 우리는 지금 역사하시는 주님을 눈앞에 그려 볼 수 있는 권한이 있다.

그런데 혹시 이 모든 것이 단순한 자기암시는 아닐까? 마음속 영상과 강한 상상력으로 자신을 혼란스럽게 만드는 자기최면 같은 것은 아닐까? 그렇지 않다. 임재와 능력으로 함께하시는 성령의 역사하심에 관한 약속은 그분이 실제로 이 자리에 계시다는 것을 우리에게 확증해 준다. 모든 것을 초월하시는 그리스도를 우리 안에 가까이 있게 하는 분은 성령이시다. 성령께서는 참으로 우리와 동행하셔서 "우리를 천국으로 인도하실 때까지 붙들고 계신다"는 것을 확신시켜 주신다.

이 책 뒷부분에서는 기억의 치유에 도움이 되는 예수님의 모습을 살펴볼 것이다. 그것은 성경적 상징에 기초한 모습들인 반면, 마음속으로 그분의 임재를 그려 본 형태는 우리의 상상력으로 얻은 결과물이다. 그러나 이처럼 상상력으로 그분의 임재를 눈앞에 그려 본다는 사실은 성경이 말하는 것이다.

여기에 헨리 트웰즈의 아름다운 찬송시를 소개한다. 우리 교회는 한 달에 한 번 치유를 위한 저녁 예배 시간 전에 종종 이 찬송을 부른다. 이 시는 지금도 우리와 함께하시는 그리스도의 치유의 능력을 현재 시제로 아름답게 표현하고 있다.

해가 지기 전, 이 저녁에
오, 주님, 당신 주위에 병든 자들이 누워 있습니다.
오, 그들은 얼마나 여러 고통을 경험했는지요!
오, 그들이 잃어버린 기쁨이 얼마나 큰지요!

다시 황혼이 찾아왔습니다.
온갖 병으로 신음하는 우리는
당신께 가까이 나아갑니다.

당신의 모습을 볼 수 없어도

당신이 여기 계시다는 것을 알고 느낍니다.

오, 구주 그리스도시여, 우리의 괴로움을 없애 주소서.

아픈 사람도 있고, 슬픈 사람도 있습니다.

당신을 사랑해 보지 못한 사람도 있고,

사랑이 식어 버린 사람도 있습니다.

오, 주님, 아무도 온전한 안식을 누리지 못합니다.

죄에서 완전히 해방된 사람도 없습니다.

그리고 기꺼이 온 힘을 다해 당신을 섬기려는 사람이

마음속 죄를 가장 많이 깨닫습니다.

오, 구주 그리스도시여! 당신 역시 인간이셨습니다.

당신도 고통과 유혹과 고난을 겪으셨습니다.

부드러우면서도 세심한 당신의 눈길은

부끄러워 숨기고 싶은 바로 그 상처들도 찾아냅니다.

당신의 손길은 여전히 옛날의 능력이 있으며,

그 입의 말씀은 하나도 땅에 떨어지지 않습니다.

들어주소서, 이 엄숙한 저녁에

당신의 긍휼로 우리를 모두 고쳐 주소서.[5]

구체적으로 기도하라

하나님께 드리는 고백과 기도는 구체적이어야 한다. 성경은 우리에게 죄나 실패, 필요를 아뢸 때 아주 정직하게 고백할 것을 강조한다. 인간이 처음으로 불순종한 에덴동산 사건에서 우리는 정신적 고통에 휘말려 들었을 때 그것을 덮어 버리려는 인간의 성향을 엿볼 수 있다.

하나님이 아담과 하와와 교제하기 위해 동산에 찾아오셨을 때, 그들은 하나님을 피하여 동산 나무 시이에 숨었다. 하나님이 아담에게 어디 있느냐고 부르시자 그는 "내가 벗었으므로 두려워하여 숨었나이다"라고 대답했다(창 3:8-10). 그후로 우리 인간은 하나님뿐 아니라 다른 사람이나 자신에게도 마음을 열고 속에 있는 것을 드러내길 두려워한다. 우리에게 고통을 주는 억눌린 기억을 통해 파괴되고 왜곡된 형태로 나타나는 우리의 성격은 이러한 두려움이 극단으로 발전한 결과인 것이다.

우리는 두려움을 직면하기보다는 덮어 버리고 숨긴다. 이런 은밀한 숨김은 우리 성격에 여러 영향을 끼친다. 이것은 우리에게 두려움과 죄의식을 심어 주며, 무엇보다 우리의 인간관계를 분열시킨다.

인간의 이런 고질적인 병에 대해 성경은 정직과 드러냄, 회개, 자백을 처방한다. 예수님은 성령을 "진리의 영"(요 14-16장)이라고 부르셨다. 사도 요한은 "진리"라는 단어를 요한복음에서 22번, 요한일서에서 9번 사용했다. 요한일서에서 우리는 "진리와 자백"이 "하나님과 다른 사람과 자신"과 직접적인 관계가 있는 것을 볼 수 있다.

심리학이라는 학문이 생기기 수 세기 전, 요한은 우리가 지금 방어기제라고 알고 있는 것을 이미 기술했다. 방어기제들은 단순히 우리로 하여금 진리를 보지 못하게 막고, 우리 자신을 두려움과 근심에서 보호하려는 여러 방법에 지나지 않는다. 그것은 실제 상황이나 진실을 바꾸지 못한다. 단지 우리의 시각을 바꾸어 줄 뿐이다. 우리는 변화되지 않아도 된다고 자신을 기만하면서 자신을 보호한다. 사도 요한의 말을 살펴보자.

> 우리가 그에게서 듣고 너희에게 전하는 소식은 이것이니 곧 하나님은 빛이시라 그에게는 어둠이 조금도 없으시다는 것이니라 만일 우리가 하나님과 사귐이 있다 하고 어둠에 행하면 거짓말을 하고 진리를 행하지 아니함이거니와 그가 빛 가운데 계신 것같이 우리도 빛 가운데 행하면 우리가 서로 사귐이 있고 그 아들 예수의 피가 우리를 모든 죄에서 깨끗하게 하실 것이요 만일 우리가 죄가 없다고 말하면 스스로 속이고 또 진리가 우리 속에 있지 아니할 것이요 만일 우리가 우리 죄를 자백하면 그는 미쁘시고 의로우사 우리 죄를 사하시며 우리를 모든 불의에서 깨끗하게 하실 것이요 만일 우리가 범죄하지 아니하였다 하면 하나님을 거짓말하는 이로 만드는 것이니 또한 그의 말씀이 우리 속에 있지 아니하니라(요일 1:5-10)

자, 이제 사도 요한과 심리학자들이 기술한 세 가지 주요 방어기제를 살펴보자. 심각성에 따라 하나씩 열거해 보았다.

❖ **부정**_ 부정은 모든 방어기제 가운데 가장 단순하면서도 직접적이다. 우리는 그냥 어떤 것을 부정한다. 거짓말하고, 그것을 인정하지 않는다. 살펴보거나 논의하고 싶어하지도 않는다. 요한은 부정에 관해 이렇게 말한다. "만일 우리가 하나님과 사귐이 있다 하고 어둠에 행하면 거짓말을 하고 진리를 행하지 아니함이거니와"(6절).

❖ **합리화**_ 이 방어기제는 좀 더 복잡하고 심각하다. 합리화는 거짓말처럼 노골적이지는 않지만 더 위장된 것이다. 우리는 행동을 정당화시키려고 이런저런 이유를 꾸며낸다. 우리가 하는 모든 것에는 그럴듯한 이유와 진짜 이유가 있다. 이것은 다른 사람을 속일 뿐 아니라 자기 자신을 속이는 것이다. 많은 경우 그 사실을 깨닫지 못하기 때문에 합리화는 부정이나 거짓말보다 더 심각한 기만이 된다. "만일 우리가 죄가 없다고 말하면 스스로 속이고 또 진리가 우리 속에 있지 아니할 것이요"(8절).

❖ **투사**_ 투사는 한 단계 더 나아가 우리 문제를 다른 사람의 탓으로 돌리는 것이기 때문에 모든 방어기제 가운데 가장 심각한 것이다. 사실상 우리는 실패의 책임을 다른 사람이나 다른 요인에 돌려 문제가 그들에게 있다고 떠넘긴다. 요한은 이것을 아주 정확하게 기술한다. "하나님을 거짓말하는 이로 만드는 것이니 또한

그의 말씀이 우리 속에 있지 아니하니라"(10절). 그러므로 자신에게 거짓말하는 데서 시작하여 우리는 하나님을 거짓말하는 자로 만드는 데까지 가는 것이다. "나는 거짓말쟁이가 아닙니다. 그분이 거짓말쟁이입니다!"

이제 우리는 이 성경 본문이 도덕적이고 영적인 맥락에 놓여 있다는 사실을 알았다. 이것은 우리가 다루는 주제와도 연관된다. 이 원리들은 우리 삶의 정서적, 영적 영역까지 적용되기 때문이다.

치유되지 않은 기억이 우리 삶에 그처럼 파탄을 가져올 수 있는 이유는 그것이 주로 두려움, 상처, 분노, 죄의식, 수치심, 근심과 같은 많은 부정적 감정을 내포하고 있어서다. 이러한 감정들이 반복해서 나타나면 우리는 그 감정이 어디서 오는지 알지 못하고 당황한다. 왜 그렇게 느끼는지 꼭 집어서 말할 수가 없기 때문에 혼란스러워한다. 게다가 '그리스도인은 그런 감정을 느끼면 안 된다'고 알고 있기 때문에 우리는 죄책감을 느낀다. 그래서 우리는 문제뿐 아니라 그 문제 때문에 부가된 죄책감으로 인해 이중의 짐을 지게 되는 것이다. 그런데 진짜 문제는 우리가 그것을 두고 구체적으로 기도할 수 없다는 사실이다. 이것은 마치 안개를 물리치려고 싸우는 것과 같다.

우리에게 절실히 필요한 것은 문제의 핵심을 찾아내는 것이다. 그래야만 그 문제를 다룰 수 있다. 여기에는 매우 중요한 원리가 담겨 있다. 즉, 우리 스스로 시인하지 않는 것은 하나님께 고백할 수 없다는 것이다. 그렇기 때문에 우리는 두리뭉실하게 고백하고 또 그렇게 뭉뚱그려 용서받으면서 결국 하나님과도 애매모호하게 끝을 맺는다.

분명 그럴 의도는 아니었을 것이다. 그러나 문제의 구체적인 내용이 방어기제에 보호되고 있고 기억 속에 감춰져 있기 때문에 우리는 그 문제의 공격에서 정서적, 영적으로 벗어날 수 없는 것이다.

우리는 이런 부정적 감정이 생기는 상황과 경험, 태도를 벗어버리고 성령께서 구체적으로 다루시게 해야 한다. 바로 이것이 기억의 치유를 위한 기도 시간에 흔히 나타나는 일이다. "주님, 부모님께 좀 더 나은 감정을 갖게 도와주세요"라든가 "오빠(또는 동생)를 용서하도록 도와주세요"와 같은 일반적인 기도 대신 상처받은 내용을 구체적으로 말해야 한다.

"주님, 제가 그날 실수로 아버지 책에 물을 엎질렀습니다. 그걸 보신 아버지는 제 장난감을 방에 내던져서 깨뜨리시고, 제가 울자 놀려대셨고요. 저는 너무 화가 났습니다. 아버지가 정말 미웠습니다. 그래서 그날 오후 아버지가 사고를 내셨을 때, 정말 기뻤습니다."

"하나님 아버지, 저는 우리 선생님을 용서하지 못했습니다. 선생님은 다른 아이가 잘못한 일을 제가 한 것으로 단정하시고 반 아이들 앞에서 모욕을 주었습니다. 거짓말을 한 친구에게도 보복하고 싶었습니다. 그러나 이제 그들을 용서합니다. 그리고 주님, 오랫동안 분한 마음을 품어 온 것을 용서해 주십시오."

이런 기도는 계속 이어진다.

이처럼 구체적인 기억을 밖으로 끄집어내서 구체적인 느낌을 구체적으로 자백할 때 구체적으로 용서하고 용서받아 깊은 내적 치유와 깨끗함을 경험하는 것이다. 이러한 구체화 원리는 기억의 치유에서 핵심이며, 회개와 자백, 치유에 관한 성경적 진리와도 완전히 일치되는 개념이다. 나는 어떤 사람이 치유되는 순간, 그의 마음속에 깊이 묻어둔 세세하지만 중요한 무언가가 드러나는 것을 여러 번 경험했다.

조이스는 20대 후반의 유능한 사회사업가다. 결혼을 앞둔 그녀는 우리가 사는 도시로 이사했다. 약혼자와 그리 멀리 떨어지지 않은 곳이었다. 그런데 6개월이 채 못 되어 파혼당했다. 큰 상처를 입은 그녀는 도움을 요청해 왔다. 파혼에 대한 충격을 계기로 그녀는 그동안 자신이 남자들과 가졌던 모든 관계에 동일한 유형이 있었다는 것을 깨달았다.

조이스는 그리스도인이 된 지 수년이 지났지만 감정 변화와 우울증, 남성에 대한 일반적인 적대감으로 많은 어려움을 겪었다. 그녀는 출퇴근 시에 몇 사람과 함께 돌아가면서 차를 운전했는데 다른 동료들은 그녀 차례가 오는 것을 좋아하지 않았다. 그녀가 "화를 내며" 운전하기 때문에 불안하다는 것이다. 그들 중 두 명은 결혼했는데, 조이스는 그들의 결혼 생활이 행복할수록 더 화를 냈고 행복한 부부 관계를 질투했다. 직장 동료들은 그녀가 잘 참지 못하고 변덕스럽다는 것을 알았다. 그녀는 파혼하게 된 것 말고도 한 직장 동료의 말에 충격을 받아 상담을 받기로 했다. "조이스, 너는 차분한 사람 같은데 왜 그렇게 늘 화가 나 있는지 모르겠어."

상담을 하면서 조이스는 술과 갈등과 다툼으로 가득 찼던 자신의 가정에 대해 이야기했다. 배려심이 많은 주변 그리스도인들은 그녀에게 양부모를 찾아 주고 그리스도 안에서 새로운 삶을 살 수 있도록 도와주었다. 그러나 아버지에게 사랑과 관심을 받지 못한 그녀는 여러 남자를 사귀며 마음의 공허함을 채우려고 애썼다.

패턴은 늘 같았다. 사랑을 얻기 위해 필사적으로 노력하고, 남자들과도 꾸준히 육체적 관계를 맺었다. 그리스도인으로서 "끝까지" 가서는 안 된다는 윤리관이 마음에 걸렸지만 그녀는 깊은 관계에 빠지게 되었다. 이로 인해 그녀는 존엄성을 잃어버리고, 결국 그 관계는 파탄으로 끝을 맺는 일이 흔했다. 조이스는 자신의 그런 충동에 매우 실망하고 화가 났다. 하나님이 내리신 벌이라는 생각이 들었다. 그리고 하나님이 그녀에게는 한 사람과 잘 사귀어 결혼하는 것을 결코 허용하지 않으실 것이라고 확신했다.

우리는 오랜 시간에 걸쳐 기도하면서 수많은 상처와 증오, 굴욕감, 죄책감으로 가득 찬 여러 사건을 하나씩 파헤쳐 나갔다. 문이 열리자 모든 감정이 홍수처럼 쏟아졌다. 상당한 갈등을 거친 뒤, 그녀는 용서의 은혜를 받았고 그동안 품어온 원통함도 깨끗이 씻겼다.

그런데 거의 상담을 끝내려고 할 때, 성령께서 또 다른 것을 기억나게 하셨다. 한 남자와 보낸 어느 날 밤의 일들이 거울을 보듯 선명하게 떠오른 것이다. 그녀는 그때 경험한 무시무시한 느낌을 다시 상기하면서 고통스럽게 울부짖었다. "오! 예수님, 저는 매우 비참합니다. 저는 자신을 비하하고 제 믿음을 지키지 못한 채 당신을 실망시켰습니다. 저는 존엄성을 잃어버렸고, 하나님을 향한 확신을 지탱할 수 있는 믿음이 없습니다. 저는 저 자신을 포기합니다. 그리고 당신도 저를 포기하셨을 것이라고 생각합니다."

조이스는 그날 밤의 경험으로 자신을 증오하고 절망에 빠지게 되었다는 것을 깨달았다. 그후로 그녀는 하나님이 자신에게 벌을 내리고 계신다고 느꼈다. 그리고 그녀도 자신을 파멸시키는 성적 행위로 스스로 징벌하고 있었다.

기도하는 동안 조이스는 무시무시한 그날 밤을 떠올리면서 자비하시고 사랑이 많으신 하나님이 역사해 주시길 의탁했다. 주님은 그녀를 용서하셨다. 그리고 그동안 잃어버렸던 여자로서의 자존심과 존엄성을 회복시켜 주셨다. 정결해지고 회복을 경험하는 복된 시간이었다.

2년 뒤, 조이스가 내 주례로 그리스도께 헌신된 젊은이와 결혼하게 되었을 때는 얼마나 기뻤는지 모른다. 두 사람 모두 하나님이 인생의 깨진 조각들을 모으셔서 어떻게 다시 빚으시고 새롭게 시작할 수 있게 하셨는지를 고백하는 순간은 정말 감동적이었다. 그후로도 우리는 변화된 삶에 대해 몇 번이나 이야기를 나누었다. 조이스는 하나님께 구체적으로 고백했을 때 치유의 변화가 시작되었다는 것을 늘 나에게 상기시킨다. 이전에 막연하게 기도했을 때는 경험하지 못한 변화였다.

함께 사역하라

그리스도인들이 치유를 위해 함께 사역한다는 것이 한 몸 된 공동체의 원리다. 야고보는 서신서에서 이 진리를 다음과 같이 선언했다.

> 믿음의 기도는 병든 자를 구원하리니 주께서 그를 일으키시리라 혹시 죄를 범하였을지라도 사하심을 받으리라 그러므로 **너희 죄를 서로 고백하며** 병이 낫기를 위하여 서로 기도하라(약 5:15-16)

주님은 합심하여 드리는 기도에 응답한다고 가르치셨다.

> 진실로 다시 너희에게 이르노니 너희 중의 두 사람이 땅에서 **합심하여** 무엇이든지 구하면 하늘에 계신 내 아버지께서 그들을 위하여 이루게 하시리라 두세 사람이 내 이름으로 모인 곳에는 나도 그들 중에 있느니라(마 18:19-20)

기억의 치유 시간의 기도 내용은 "너희 죄를 서로 고백하며"라는 명령과, 기도 응답을 구하기 전에 "합심하여" 하라는 성경의 명령과 완전히 일치한다. 성경은 합심하여 솔직하게 기도의 짐을 함께 나누면 기도가 응답될 것이라고 말한다. 다시 한 번 말하지만 "고백"과 "합심"을 통해 우리는 하나님이 구체적인 기도를 귀하게 여기신다는 것을 추측할 수 있다. "합심" 기도 바로 앞 구절은 우리에게 큰 의미가 있다.

> 무엇이든지 너희가 땅에서 매면 하늘에서도 매일 것이요 무엇이든지 땅에서 풀면 하늘에서도 풀리리라(마 18:18)

그 다음에 이어지는 구절들은 용서에 관한 중요한 가르침을 다루고 있다. 이 주제는 신약 성경 어디에서든 발견할 수 있다. 이 모든 것은 기억의 치유를 위해 드리는 기도의 맥락과 거의 완전히 일치한다. 하나님의 계획 가운데는 그리스도의 몸에 속한 다른 지체들의 사역을 통해서만 이루어지는 특별한 종류의 치유(신체적, 정서적, 영적)가 있는 것처럼 보인다.

고백하라

이 장을 마치면서 특정 성경적 원리들이 최근 의학과 심리학에서도 확인되고 있다는 것을 지적하고자 한다. 1984년 9월 23일자 〈렉싱턴 헤럴드〉지에 "고백하는 것은 신체에 유익할 수 있다"라는 제목의 기사가 실렸다. 내용은 다음과 같다.

> 고백하는 것, 그것은 영혼을 위해 어떻게 역사하든 간에 신체에 유익할 수 있다. 새로운 연구 결과들은 자신의 어려운 감정이나 충격적인 사건을 마음속에 조용히 간직하고 괴로워하는 것보다 신뢰할 만한 다른 사람에게 그것을 털어놓을 때 병에 걸릴 확률이 적다는 것을 설득력 있게 보여 주고 있다.

이어서 가장 고통스러운 비밀을 다른 사람과 나눌 때 "장기적으로 건강에 유익을 끼친다"는 사실을 확증하는 몇 가지 다른 실험에 대해 보고했다.

제임스 페네베이커 박사가 연구한 내용은 이렇다. "자신의 사정을 다른 사람에게 말하지 못하는 가책과 같은 정서적인 짐이 있을 때 내적 스트레스를 받게 되는데, 다른 사람에게 털어놓는 것은 이러한 내적 스트레스를 막아 준다!" 하버드 대학에서 실시된 비슷한 연구 역시 자신의 문제를 나누지 않는 사람들은 면역 체계 활동이 떨어진다는 것을 보여 준다. 존스홉킨스 의과대학의 페네베이커 박사는 〈저널 오브 앱노멀 사이콜로지〉(The Journal of Abnormal Psychology)에 연구 결과를 게재하여 이러한 발견들을 확증하였다.

성경의 이런 평범한 가르침을 현대 과학이 이제야 따라가고 있다는 사실은 참으로 흥미롭다. 다윗은 이 진리를 수천 년 전에 선포했다.

> 허물의 사함을 받고 자신의 죄가 가려진 자는 복이 있도다 마음에 간사함이 없고 여호와께 정죄를 당하지 아니하는 자는 복이 있도다 내가 입을 열지 아니할 때에 종일 신음하므로 내 뼈가 쇠하였도다 주의 손이 주야로 나를 누르시오니 내 진액이 빠져서 여름 가뭄에 마름같이 되었나이다(셀라) 내가 이르기를 내 허물을 여호와께 자복하리라 하고 주께 내 죄를 아뢰고 내 죄악을 숨기지 아니하였더니 곧 주께서 내 죄악을 사하셨나이다(셀라) 이로 말미암아 모든 경건한 자는 주를 만날 기회를 얻어서 주께 기도할지라 진실로 홍수가 범람할지라도 그에게 미치지 못하리이다 주는 나의 은신처이오니 환난에서 나를 보호하시고 구원의 노래로 나를 두르시리이다(셀라)(시 32:1-7)

그렇다면 성경에는 우리가 지금까지 설명한 원리를 사용하여 실제로 고통스러운 기억을 치유한 사례가 있는가? 있다. 예수님이 잡히시던 날 예수님을 부인한 베드로를 회복시킨 방법이다.

신약 성경에서 "숯불"이라는 단어는 두 번 등장한다. 하나는 베드로가 대제사장의 집 뜰에 있을 때다(요 18:18). 베드로는 종과 아랫사람들과 함께 몸을 녹이기 위해 "숯불" 앞에 서서 불을 쬐고 있다가 거기서 예수님을 모른다고 세 번 부인했다(한글 개역개정 성경은

"불"로, 새번역 성경은 "숯불"로 번역하였다_ 편집자).

후에 예수님은 부활하셔서 갈릴리 해변에서 제자들을 위해 아침을 준비하셨다. 베드로를 위해서 의도적으로 마련하신 자리였다(요 21:9). 그리고 그때 다시 한 번 "숯불"이 등장한다. 의사이자 정신의학의 대가이신 예수님이 베드로를 숯불 가까이에 서게 하셨다.

숯불을 본 베드로의 마음속에서 그때 기억과 수치심이 얼마나 화끈거리며 달아올랐겠는가! 그는 뜨겁게 타오르는 숯불 앞에서 세 번이나 주님을 부인했다. 그리고 이번에는 숯불 앞에서 주님을 향한 그의 사랑을 확인하기 위한 질문을 세 번 받았다. 예수님은 베드로의 아픔과 수치심을 불에 태워버리고 치유하시기 위해서 숯불을 사용하셨다. 베드로가 자신이 한 모든 일을 떠올리며 고통과 직면했을 때, 그의 기억들은 치유되었다. 이렇게 베드로는 회복되었고, 다시금 사역으로 부름받았다.

2부
기억의 치유를 경험하다

4장

기억의 치유가 필요한 증상들

　기억의 치유가 필요할 수도 있는 증상은 어떤 것인가? 나는 "필요할 수도 있다"라고 말했다. 지금까지 강조해 왔듯이 기억의 치유는 내적 치유의 한 형태일 뿐이기 때문이다. 이번에도 그 점을 다시 강조하고자 한다. 앞으로 소개될 여러 정신적, 영적 문제를 다룰 때, 기억의 치유를 유일한 치료 요법으로 간주해서는 안 된다.
　고통스러운 기억들을 직면하여 치유하지 못한 채 살아갈 때, 그 기억이 종종 방어벽을 뚫고 나와 우리의 정상적인 생활을 방해한다. 확실한 증거 중 하나는 머릿속에 영상이나 장면이 계속 떠오르거나 꿈에 나타나서 정신적, 영적 생활에 지장을 주고 분열을 초래하는 것이다.
　상담을 하면서 나는 늘 다음과 같은 질문을 던진다. "마음속에 계속 떠오르는 영상들이 있습니까? 그 영상들이 당신을 가만히 내버려두지 않고 거듭 재연되고 있습니까? 또는 꿈에 계속 나타나지는 않나요? 머릿속에 남아 있는 영상(기억)들이 몹시 강렬해서 실생활을 방해하지는 않습니까?" 그렇다고 대답하면 나는 그 영상들에 대해 이야기해 달라고 요청한다. 각 내용은 판이할지 몰라도 그 영상들에 숨겨진 사실은 같다.

영화가 다시 상영되듯 같은 장면이 머릿속에 계속 떠오르는 경우가 있다. 때로는 그 영상들이 천천히 움직이는 동작으로 다시 상영되는 것 같다. 그것은 기억과 함께 따라 다니는 감정이 매우 강렬하다는 뜻이다. 마치 녹화된 운동 경기를 천천히 상영할 때 운동선수 얼굴에 나타나는 결단과 고뇌를 보고 느끼는 것과 같다! 이렇게 재연되는 영상들은 종종 잠들기 바로 직전이나 밤중에 자다가 깨어났을 때, 또는 아침에 잠에서 깨어나기 전에 가장 강렬하게 나타난다. 때로는 악몽에 시달려 비명을 지르거나 발버둥치며 식은땀을 흘리기도 한다. 이러한 것들은 몹시 강렬해서 다음 날 정상적으로 생활하는 데 지장을 줄 수도 있다.

재연되는 장면의 특성과 그 사건의 내막은 각 사람의 경험에 따라 다르다. 그럼에도 그러한 경험들의 내용과 고통은 다음과 같은 공통점을 지니고 있다.

상처

신체적, 정신적, 감정적 고통을 가져오는 것을 우리는 상처라고 부른다. 나는 이것을 삶에서 더 흔하게 겪는 일들, 즉 한 사람의 자아(ego)에 타격을 주어 정서적 고통을 일으키는 일상적인 경험으로 제한하고자 한다. 무엇이 되었든 자아에 타격을 주거나 해를 끼치는 것은 우리에게 상처를 준다. 이것은 태아기에서 시작하여 유아기와 유년기, 사춘기를 거쳐 청년기와 장년기에 이르기까지 삶의 어느 시기에서도 일어날 수 있다. 우리가 받은 많은 상처의 중심에는 거부당한 감정(느낌)이 있다. 우리를 거부한 사람이 중요하거나 의미 있다면, 우리가 느끼는 거부감은 훨씬 커진다.

특히 어린 시절, 즉 학령기 전과 초등학교 저학년 때 거부당한 경험은 매우 깊은 아픔을 남긴다. 당시 거부당했다고 해석되는 행동에 대한 이유를 설명할 길이 없기 때문이다. 어린아이들은 왜 자신이 그러한 대우를 받아야 하는지 이해하지 못하며, 그러한 것을 어떻게 직면하고 대처해야 하는지도 알지 못한다. 그런 일이 일어난 논리적인 이유가 있을 수 있지만, 그것에 대해 의사소통할 수 있는 길이나 그것을 적절하게 납득할 수 있는 방법이 없는 것이다. 예를 들면, 갑작스런 사고나 질병, 피할 수 없는 지연, 죽음 등에서 느끼는 거부다. 부모, 형제, 친척, 교사, 목회자, 친구가 어쩔 수 없이 다른 일이나 다른 사람에게 우선순위를 두는 경우도 있다. 이럴 때 어린아이들은 거부당했다고 느끼며, 그것은 아픈 상처로 남을 수 있다.

제프라는 청년이 낮은 자존감과 우울증, 영적인 패배감으로 나를 찾아왔다. 그는 매우 신실한 그리스도인이었다. 그러나 그는 줄곧 가족과 친구, 심지어 하나님에게까지 버림받았다고 두려워하고 있었다. 어렴풋한 기억과 함께 거듭 불안하다고 느꼈다. 이 불안감은 여러 방식으로 그의 꿈에 나타났다. 그러나 모든 꿈이 매우 희미해서 분명하게 묘사하기는 어려웠다. 다만 확실하게 알 수 있는 한 가지는, 거부감이 그 모든 것의 핵심이라는 것이다.

제프의 반응을 관찰하는 일은 어렵지 않았다. 이런 상황에서는 상처가 매우 고통스럽기 때문에 같은 방법으로 또 상처받을까 봐 두려워하는 문제가 추가로 나타난다. 제프의 핵심 문제는 거부당하는 것이었다. 이것은 마치 강아지가 자기 꼬리를 물려고 돌듯 악순환의 연속이다. 그리고 때로는 꼬리를 물어 버리기도 한다! 또 거부당할 것에 대한 두려움과 상처는 점점 커져 마침내 그 사람의 삶에 대한 인식에도 영향을 끼치게 된다. 두려움이 올 것이라는 추측과 함께 이 두려움은 결국 가장 일상적인 일까지도 걸러내는 고통스러운 여과막이 된다. 이 모든 것은 현재 상황에서 실제로 경험하는 것보다 훨씬 큰 고통을 느끼게 하는 원인이 된다.

제프와 함께 고통스런 행로를 추적해 가는 것은 어렵지 않았다. 당시 그는 우주선 캡슐 같은 곳에서 격리되어 살고 있었다. 더 이상 상처받지 않기 위해 자신을 보호하는 나름의 방법이었다. 우리는 (뒷장에서 다루게 될) 여러 방법을 사용하여 과거로 돌아가는 작업을 했다. 물론 상담 시간마다 많은 기도로 준비하고, 성령께서만 주실 수 있는 이해와 분별력을 지속적으로 구했다. 상담 사역 초기에 내게 도움을 준 지도자 한 분이 이 과정을 설명하면서 내게 인상적인 충고를 했다. "상담자로서 자네는 배를 젓는 사공이라네. 때로 노를 저어 가다가 기도하고, 기도하다가 다시 노 젓는 일을 계속해야 한다네. 그러다 보면 마침내 성령께서 자네가 어느 곳에 배를 대야 할지 올바른 곳을 보여 주실 걸세!"

어느 날 성령께서 제프와 내게 적절한 기억의 선착지를 보여 주셨다. 그곳에 내린 후, 성령께서는 버림받고 거부당한 느낌으로 가득 찬 은신처들의 미로를 탐구하도록 인도하셨다. 미로의 시작은 제프가 네 살 때 여동생이 태어난 사건이었다. 그의 어머니는 어려운 임신 기간을 보내야 했고, 극도로 고통스러운 해산을 경험했다. 설상가상으로 여동생이 (치료할 수 있긴 했지만) 선천적 장애를 지니고 태어난 까닭에 동생에게 많은 관심과 상당한 재정이 집중되어야 했다. 그 전까지는 제프가 온 가족의 보호와 관심을 독차지했다. 그런데 이제 상황이 완전히 뒤바뀐 것이다.

"사랑의 재분배 원리"는 정상적인 상황에서도 어려울 수밖에 없다. 제프에게 그것은 감당할 수 없을 만큼 큰 충격이었다. 대부분 가정에서 둘째가 태어나면 큰아이는 "엄마의 꼬마 조력자"가 되어 그 상황에 적응한다. 이런 방식으로 큰아이는 확대된 가족의 일원으로 중요한 부분을 차지하게 된다. 그러나 제프는 새로 태어난 아기에게 문제가 있었기 때문에 그러한 역할도 할 수 없었다.

부모의 의도와 달리 제프는 소외감을 느꼈고 자신이 고의적으로 거부당했다고 인식했기 때문에 극심한 상처를 받았다. 여동생이 멀리 떨어진 도시의 전문의에게 장기간에 걸쳐 치료를 받아야 할 때마다 제프는 결혼하지 않은 이모와 함께 집에 남아 있어야 했다. 그런데 이모는 제프에게 나타난 행동 변화를 이해하지 못했다. 제프에게는 더 많은 이해와 사랑이 필요했는데, 오히려 이것 저것 훈계와 체벌만 가한 것이다.

제프의 상처와 거부감은 두려움과 분노와 죄책감이 함께 뒤범벅된 것이었다. 그는 어머니의 입덧과 난산, 온전하지 못하게 태어난 동생 등 이 모든 상황이 자기 잘못이라고 확신했다. 어린아이라면 누구나 그렇듯 제프도 어머니와 어린 동생에 대해 사랑과 분노가 엇갈린 감정을 지니고 있었다. 즉 자신이 품은 나쁜 감정 때문에 하나님이 벌을 내리시는 것은 아닐까 생각한 것이다. 용납할 수 없는 감정은 마음에서 떨쳐버렸지만, 그의 삶은 점점 불공평과 고통으로 가득 차 버리는 것 같았다. 성인에게는 이런 이야기가 우스꽝스러울지 몰라도 네 살짜리 아이에게는 합리적이고 타당한 것이었다.

우리가 함께 나누고 기도하면서 제프는 상처의 악순환 양상을 눈에 그리듯 자세하게 회상하기 시작했다. 상처가 더 많아질 것에 대한 두려움, 또다시 거부당하고 상처 입을지 모른다는 왜곡된 생각이 그러한 악순환을 초래한 것이다. 기억이 연속으로 떠오르는 동안 여동생과 이모에 대해 깊이 자리한 분노와 원통함이 그 기억 속에서 터져 나오는 것을 보며 놀라움을 금치 못했다.

기도 시간에 나는 요한복음 5장을 떠올렸다. 사람들은 하나님이 천사를 내려 보내 베데스다라는 못의 물을 움직이시면 그 물로 치유될 수 있다고 주장했다. 비슷한 방법으로 하나님은 물을 통하여 감정적, 영적 치료를 하시려고 제프의 마음을 움직이셨다. 치유받는 유일한 방법은 비록 고통스럽더라도 요동하는 기억의 저수지에 발을 내딛는 것이다. 온전하게 치유되려면 물속에 몸을 깊이 담궈야 한다. 한 번 담글 때마다 우리는 제프가 어린 시절 특정 시기에 필요로 했던 이해와 사랑, 보살핌과 용서를 경험하게 되길 간구했다.

마침내 상습적으로 계속 떠오르던 기억과 꿈이 해결되었다. 제프는 성숙한 그리스도인으로서 다른 사람과 관계 맺는 자세를 배울 수 있었다. 물론 그는 마음자세를 다시 정비하고 관계를 새로 형성해 가는 법을 배우는 데 많은 노력을 기울여야 했다. 그러나 자신이 경험한 기억의 치유로 인해 지금 그는 그 일을 자유롭게 할 수 있게 되었다. 그전에는 아무리 노력하고 영적으로 훈련해도 그럴 수 없었는데 말이다.

수치심

일반적으로 고통스럽게 재연되는 영상들에는 당혹감과 수치심, 굴욕적인 순간이 있다. 놀이나 텔레비전 프로그램에서 "내가 가장 당황한 순간"이라는 주제는 사람들을 즐겁게 해줄지 모른다. 주로 그 상황을 겨우 통과했지만 간단히 웃어넘길 수 있는 것들이다. 그러나 깊은 수치심과 연관된 기억들은 우리를 매우 고통스럽게 하며, 낮은 자존감과 우울증의 주된 원인으로 꼽힌다.

40대 목회자인 스탠리(Stanley)는 어느 주말 수양회 소모임에 참석하여 오래전에 수치심을 느낀 경험을 나누었다. 초등학교에 입학한 첫 날이었다. 그는 자기 이름을 쓸 수 있다는 것에 자부심을 가지고 있었다. 그래서 선생님이 자기 이름을 쓸 수 있는 사람이 있느냐고 물었을 때 가장 먼저 손을 들었다. 그는 종이를 꺼내 대문자로 "STANLEY"라고 썼다. 그런데 선생님이 말했다. "철자가 잘못되었구나. 'STANDLEY'라고 써야 맞는데."

그는 수줍게 대답했다. "아니에요, 선생님. 제 이름에는 D가 없어요."

"다시 써보렴. 이번에는 틀리지 않게 써라." 선생님은 엄하게 말했다.

스탠리는 이번에도 D자를 넣지 않고 이름을 썼다. 선생님은 종이를 집어 올리더니 모든 학생이 보는 앞에서 말했다. "자, 보세요. 여기 이 학생은 어찌나 바보 같은지 자기 이름도 제대로 쓸 줄을 모르네요. 스탠리, 'D'를 넣고 다시 쓰렴. 알아들었니?"

이번에는 선생님이 시키는 대로 했다. 그의 자존심은 무참히 짓밟혔다. 볼이 새빨개진 그를 보며 친구들이 킥킥거리며 비웃을 때, 마음이 찢어지는 듯 아팠다.

스탠리는 다음과 같은 말을 덧붙였다. "그 장면은 제 마음속에 영원히 지울 수 없는 자국을 남겼습니다. 선생님과 친구들이 저를 바보 취급하고 비웃던 것을 생각할 때마다 저는 얼마나 당혹스럽고 고통스러운지 모릅니다. 그런데 이상한 점은 저 자신도 그 선생님이 내린 평가를 그대로 받아들였다는 것입니다. 말도 안 되지만, 아직도 스스로 바보라고 느껴지고요. 이치에 맞지 않는다는 것도 알고, 아내나 동료, 친구 모두 제게 바보가 아니라고 말해 줍니다. 그렇지만 저는 여전히 제 속에서 저를 바보라고 말하는 음성이 들립니다.

얼마 전에 박사 학위를 받은 동료와 이야기를 나누었어요. 그는 저와 대화하면서 큰 도움이 되었다며 진심으로 칭찬하더라고요. 그런데 다음 순간 어떻게 되었는지 아세요? 제 속에 있는 무언가가 이렇게 말하는 소리가 들렸어요. '이 사람이 박사 학위를 받았다지만, 내가 정말 바보 같고 부족하다는 걸 알아채지 못하는 것을 보니 꽤 우둔한 사람이 틀림없어!'"

무심한 부모나 선생님 등 권위를 행사하는 사람들이 여러 사람 앞에서 아이들을 깎아내릴 때, 얼마나 무서운 결과를 가져오는지를 보면 매우 놀랍다. 좋은 의도겠지만, 어른들은 종종 훈계하거나 아이의 행동을 변화시키기 위해 아이를 깎아내리는 방법을 사용한다. 이 방법은 즉각 효과가 있기 때문에 어른들은 이것이 옳다고 생각한다. 그러나 그들은 마음이 여린 아이들의 마음속에 고통스러운 기억이 박혀 그들의 연약한 자존감에 깊은 상처를 남긴다는 사실을 인식하지 못한다.

이 점에 대해 성경은 우리에게 많은 것을 가르쳐 준다. 사람들의 부끄러운 실수를 다루실 때 성령은 주로 은밀하게 찾아오신다.

우리는 예수님이 이것을 얼마나 세심하게 다루셨는지 볼 수 있다. 예수님은 사람들의 죄와 실수를 책망하실 때면, 그들을 아무도 없는 곳에 따로 부르셨다. 실제로 예수님은 사람들을 다른 사람 앞에서 세워 주고 지지하려고 무척 애쓰셨으며, 그들의 부정적인 부분을 다루실 때는 개인적으로 적절한 기회가 오기를 기다리셨다.

마태복음 18장 15-17절에서 예수님은 이러한 상황들을 다루는 원리를 주의 깊게 정하셨다. 먼저 우리는 사람들을 개인적으로 찾아가서 이야기하고 상황이 올바르게 고쳐지도록 노력한다. 그것으로 문제가 해결되지 않을 때에만 점차 다른 사람들(증인)을 개입시키고, 그래도 안 될 때는 모든 사람 앞에서 공개적으로 징계한다. 에베소서 6장 1-4절에서 바울은 십계명의 다섯째 계명(부모와 자녀의 관계)을 새롭게 해석한다. 아버지들에게 자녀를 의도적으로 노엽게 하는 행동을 하지 말라고 권고한 것이다.

거듭 떠오르는 수치스러운 기억이 모두 공개적으로 일어난 사건은 아니다. 어떤 사건은 사적인 상황과 관련되어 있다. 잔인하고 무심코 던진 말들이 상상의 벽 뒤에 깊이 새겨지는 것이다.

수년간 낮은 자존감과 싸운 어느 아름다운 여인은 화장을 할 때마다 마음속에 떠오르는 내적 자화상에 대해 매우 고통스럽게 나누었다. 그녀는 매우 엄격한 가정에서 자랐고, 아버지는 어떤 화장이든 모든 화장을 죄악시했다. 그녀가 십 대 초반일 때였다. 어느 날 아침, 그녀는 그 나이에 종종 생기는 여드름을 감추려고

분을 조금 발랐다. 당시에 느낀 고통스러운 수치심을 회상하면서 다음과 같이 말했다. "아빠는 저를 조롱했어요. 그리고 제가 하얀 얼굴을 한 암소처럼 보인다고 비꼬았어요." 그러고는 의미심장하게 덧붙였다. "아빠는 제가 성장하는 동안 한 번도 예뻐 보인다고 말한 적이 없었습니다."

돌이켜 생각해 보면 그녀의 아버지가 왜 그랬는지 이해할 수 있다. 그는 딸의 매력적인 모습이 "남자아이들과 문제를 일으키게" 될까 봐 두려웠던 것이다. 그러나 외모를 깎아내려서 딸을 보호하려는 것은 잘못된 방법이다. 불행하게도 잘생긴 아들이나 예쁜 딸을 둔 부모들이 이런 실수를 많이 한다. 악의가 없었다고 해서 정신적인 충격이 줄어드는 것은 아니다. 매우 많은 부모가 죄책감, 수치심, 굴욕 등을 통해 자녀를 다스리려고 시도하는데, 그것은 언젠가 치유되어야 하는 고통스러운 기억들의 씨앗이 된다.

때로 수치스러운 기억은 특정한 사건보다는 성장기의 전체적 분위기와 관련된다. 이것은 특히 알코올의존증자인 부모와 연관되어 있다. 이러한 가정은 어머니나 아버지의 음주 문제를 감추어야 하는 일종의 역기능 구조가 되어버린다. 그래서 어린이나 십 대는 친구들을 집에 초대할 수 없는 구실을 만드는 데 명수가 된다. 반은 진실이고 반은 그럴싸한 변명을 대면서 살아야 하는 분위기는 청소년의 마음에 수치심과 거짓을 키운다. 다른 사람과 다르다거나 늘 즐거운 시간을 무언가에 빼앗기는 느낌은 기억 속에서 수치심과 고통으로 점철되어 그들을 파괴시킨다.

공포심

이 강력한 용어는 우리 마음속 깊은 곳에 파묻혀 있을 수 있는 여러 가지 두려움과 무서움을 아우른다. 공포심은 감춰져 있다가 어느 날 살아나서 온갖 불안으로 우리 마음을 가득 채운다. 우리 기억 속에 깔려 있는 여러 종류의 두려움의 뿌리를 전부 나열하려면 백과사전 한 권이 필요할 것이다. 누군가의 말에 따르면 성경에는 "두려워 말라"는 말씀이 365번 나오기 때문에 일 년 동안 매일 하나씩 활용할 수 있다. 하나님은 두려움으로 가득한 세상에서 사는 것이 어떤 것인지 아시기 때문일 것이다. 그분은 마음속 깊이 자리 잡고 있는 두려움이 우리의 신앙생활에 커다란 장애물이라는 것을 이해하신다.

기억의 치유를 위해 상담한 두려움 가운데 가장 공통적이고 장애가 되는 것들은 다음과 같다.

어둠에 대한 두려움
버림받았거나 홀로 내버려진 것에 대한 두려움
가치 있는 일을 해내지 못한 실패에 대한 두려움
제정신을 잃거나 자기감정을 조절하지 못하는 것에 대한 두려움
성관계, 성적인 생각, 성욕에 대한 두려움
사람과, 사람을 믿는 것에 대한 두려움
암이나 다른 심각한 질병에 대한 두려움

하나님과 마지막 심판에 대한 두려움

"용서받을 수 없는 죄"를 짓는 것에 대한 두려움

미래에 대한 두려움

가까운 사람의 죽음이나 자신의 죽음에 대한 두려움

그리스도인들은 일단 두려움을 가지고 있다는 것에 죄책감을 느끼고, 그런 죄책감으로 다시 이런 두려움이 커지게 된다. "훌륭한 그리스도인은 걱정하거나 두려워해서는 안 된다. 예수님이 우리와 항상 함께 계시기 때문에 아무것도 두려워할 것이 없다"는 논리인 것이다. 게다가 성경은 "온전한 사랑이 두려움을 내쫓나니"(요일 4:18)라고 말하고 있지 않은가! 그렇기 때문에 그들은 더욱 두려워하고, 그들이 두려워한다는 것을 인정하길 두려워하는 악순환에 빠지게 된다!

사실 이러한 두려움은 대부분 매우 놀란 경험이나 잘못된 가르침, 또는 과거(특히 어린 시절)에 경험한 나쁜 인간관계에 깊이 뿌리내리고 있다. 그러한 두려움은 마음속 가장 밑바닥에 깔려 있기 때문에 그와 관련된 기억은 안개처럼 아주 희미할 뿐이다. 때로 어떤 사람은 특별히 기억에 남은 것이 없으면서도 한 가지 사건에서 다음 사건으로 꼬리를 무는 막연한 두려움에 얽매이기도 한다. 마치 잭과 질 두 남매가 정서적으로 매우 혼란스러운 가정에서 경험한 것처럼 말이다.

잭과 질의 아버지는 종교적인 폭군이었고, 어머니는 종교심 강하고 가정의 모든 일을 떠맡는 하녀와 같았다. 아버지는 "말씀으로" 가정을 다스린다고 했지만 성경을 자기 방식대로 잘못 해석하는 경우가 대부분이었고, 아울러 예측할 수 없는 그의 거친 성질과 만나면 때로 폭력으로 바뀌기도 했다. 어머니는 "아름다운 복종"의 원리로 가정의 화목과 하나 됨을 유지하기 위해 안간힘을 썼다. 그 결과, 아버지 앞에서는 누구도 꼼짝하지 못했다. 집안 분위기는 마치 살얼음판 위를 걷는 것만 같았다. 그리고 이러한 왜곡된 아버지 모델과, 아버지가 믿는 독단적인 반쪽 진리 때문에 잭과 질은 하늘에 계신 하나님 "아버지" 앞에서도 같은 두려움을 갖게 되었다.

그리스도인 상담자들은 이른바 종교적이라고 하는 이런 가정을 자주 만난다. 그리고 왜곡된 성경말씀으로 사람들에게 얼마나 많은 정서적, 영적 손상을 입히는지를 볼 때마다 놀라움을 금하지 못한다. 특히 결혼과 가족관계를 말해 주는 에베소서 5장 21절-6장 4절 말씀을 그런 식으로 활용한다.

잭에게 두려움을 심어 준 기억들은 매우 깊이 잠재되어 있었기 때문에 여러 가지 성경적, 신학적 질문들과 함께 뒤섞여 표출되었다. 나는 몇 주에 한 번씩 정기적으로 걸려 오는 잭의 전화 내용을 예측할 수 있었다. 그 내용은 대부분 이러했다. "얼마 전에 성경을 읽고 있는데, '이러이러하라'고 말하는 구절을 발견했어요. 그런데 그 구절 때문에 많이 괴롭습니다. 저는 제가 ……되는 것이 두렵습니다." 또는 "어떻게 ······할 수 있는지 이해할 수 없어요" 라는 식이다. 이것은 잭의 영적 생활을 방해하는 커다란 두려움을 보여 주는 단서였다. 잭이 기억을 치유받고 정신적으로나 영적으로 온전해진 것은, 성장기에 겪은 고통스럽고 두려웠던 분위기를 기억해 내고 대면했을 때에야 비로소 가능했다.

질의 두려움은 전혀 다른 방식으로 찾아왔다. 온갖 질병을 통해서였는데, 실제로 아픈 때도 있었지만 상상에서 비롯된 때도 있었다. 질의 어머니는 자신이 처한 상황을 대면하고 그녀가 느끼는 감정을 표현하지 못하는 것 때문에 엄청난 대가를 지불해 왔다. 그러다가 더 지탱할 수 없으면 앓아누워 버렸다. 이렇게 해서 그녀는 남편에게 많은 관심과 보살핌을 받을 수 있었다. 한편 그녀의 남편은 아내의 병을 통해 자녀를 다스리려고 했다. "조용히 하렴! 엄마가 속상해하시잖니. 엄마를 속상하게 하면 엄마가 더 아프시단다."

질은 어머니에게 그런 부분을 잘 배우고 익힌 것 같았고, 그녀의 삶은 예측하기 어려운 분위기가 지배하고 있었다. 어머니와는 다른 삶이었지만, 그녀의 삶 역시 두려움으로 가득했다. 심각한 통증과 48시간 지속되는 바이러스, 심지어 심장병 증세까지 언제든 질병이 그녀를 덮칠 수 있었다. 질은 마가복음 5장 26절에 기록된, 열두 해를 혈루증으로 앓아 온 여인 같았다. "많은 의사에게 많은 괴로움을 받았고 가진 것도 다 허비하였으되 아무 효험이 없고." 질은 마치 두려움의 외투를 입고 질병을 계속 찾아다니며

거기에 매달리는 것 같았다. 해묵은 기억을 치유하고 책임감 있게 적응해 가는 방법을 배우고 계속 실천해 가면서 질은 상당히 안정된 삶을 누릴 수 있게 되었다.

증오심

이제 이 책의 핵심인 원통함과 비통, 증오심을 다루려고 한다. 뒤에서 우리는 용서하고 용서받는 기도를 통해 증오심을 어떻게 다룰지 살펴볼 것이다. 여기서는 마음속에 어떤 영상을 반복해서 떠오르게 하는 중요한 요소로 증오심을 다루고자 한다. 그것은 즉 증오심이 고통스러운 기억의 치유가 필요한 증상이라는 뜻이다.

   이 장에서 다룬 것들은 대부분 강한 원통함을 수반한다. 때로 우리는 이러한 문제를 인식하고 기도로 씨름하지만 아무 효험도 없는 것을 경험한다. 또 때로는 막연한 분노의 감정이 마음속에 있다는 것을 알지만 그 원인을 집어내지 못한다. 그 감정들은 우리가 의식적으로 회상할 수 있는 것보다 더 깊이 숨겨져 있는 듯하다. 얼어붙은 채 파묻힌 이 원통함은 종종 그리스도인 사이에 우울증으로 나타난다. 어떤 때는 이 억눌린 증오에서 비롯된 스트레스가 몸에 영향을 주어 질병으로 나타난다. 치유되지 못한 이 원통함은 많은 질병의 근원이 될 수도 있다.

   예수님이 나귀를 타고 예루살렘으로 입성하신 사건을 우리는 "승리의 입성"이라고 부른다. 그때 사람들이 호산나를 외치며 환영하자 종교 지도자들은 예수님께 사람들이 소리치지 못하게 하라고 말했다. 그러자 예수님은 만일 이들에게 감정을 표현하지 못하게 한다면 "돌들이 소리 지르리라"(눅 19:40)고 대답하셨다. 얼마나 생동감 넘치는 비유인가!

사람들은 진짜 감정을 표현하지 못할 때, 고통과 질병을 통해 몸으로 그 감정을 부르짖는다. 특히 아주 깊이 파묻혀 있어서 의식조차 하지 못하는 원통함이 있을 때 더 그렇다. 이 감정들은 가끔 불쑥 튀어나와 동영상이 느린 동작으로 다시 돌아가듯 마음속에 나타난다. 그러면 그 당시 장면과 영상이 떠올라 분노에 사로잡히게 된다. 특히 그리스도인들은 가까이 있는 사람, 즉 사랑하는 배우자나 자녀에게 화풀이를 하게 될 때 혼란스러워한다. 화를 낸 것을 후회하고 그 일로 죄의식과 영적 패배감에 빠진다. 게다가 이 모든 것이 어디에서 오는 것인지 알 수 없기 때문에 더 당황한다. 대부분 그들은 생각지도 않게 원통함을 느낀다. 마치 갑자기 기름통에 불이 붙어 폭발하는 것과 같다. 이러한 사건이 반복해서 일어나고, 훈련이나 기도, 성령 체험도 도움이 되지 않는 것 같을 때, 우리는 치유되지 않은 기억의 억압과 고통에서 그 원인을 찾아내야 한다.

아마도 그 모든 것 가운데 가장 혼동되고 충격적인 경험은 독실한 그리스도인이 스스로 하나님을 향해 분노하고 있다는 것을 발견할 때일 것이다. 이것은 무서울 정도로 인정하기가 어렵다. 나는 내담자들과 많은 시간을 보내면서 그들이 하나님을 향해 원통한 마음을 가지고 있다는 것을 깨닫도록 도와주었다. 그럴 때마다 그들은 엄청난 충격을 받았다. 상담실에서 뛰쳐나가는 사람도 있고, 구역질을 하는 사람도 있었다. 마음 깊은 곳에 하나님을 향한 분노가 숨어 있다는 것을 발견할 때, 그들은 처참해진다. 하나님을 사랑하고 섬기며 기쁘게 해드리기를 원했기 때문이다. 그러나 일단 처음 충격이 가라앉으면, 그들은 그 통렬한 감정을 하나님의 임재 앞으로 가지고 나아가 그분의 사랑으로 깨끗이 씻기도록 내맡긴다. 나중에 돌이켜 보면 이처럼 기억을 떠올리고 당시 느낌을 되살리는 과정은 문제를 해결하는 데 반드시 필요한, 치유를 위한 첫걸음이었다는 것을 깨닫는다.

이 과정을 경험한 어느 남성이 내게 나눈 이야기가 있다. 그 이야기는 지금까지 내가 들은 자녀 학대 사례 가운데 가장 처참했다. 그의 어머니가 그에게 상처를 주기 위해 사용한 교묘한 방법들과, 신체적 아픔을 느끼게 한 절묘한 행위들, 언어를 통한 무서운 학대는 상상하기조차 어려운 것이었다. 훌륭한 그리스도인인 그는 이 모든 것에 대해 솔직하게 감정을 표현해 본 적이 없었다. 오히려 자신이 어머니를 얼마나 사랑했는지를 계속 강조했다. 그러나 조금씩 고통스러운 기억들이 되살아나기 시작했고, 어머니를 향한 강렬한 분노를 인식하기 시작했다. 그러나 더 깊은 곳에 훨씬 큰 분노가 자리 잡고 있었다.

어느 날 이런 끔찍한 기억들을 치유하기 위한 기도를 하고 있던 중 그는 고통스럽게 울부짖었다. "하나님, 이런 일이 일어날 때 도대체 당신은 어디에 계셨습니까?" 그는 격렬한 감정에 휩싸였다. 공포에 질려 나뭇잎처럼 부들부들 떨었다. 그러나 곧 바다의 파도처럼 그를 뒤덮어 씻어 내는, 넘치는 하나님의 사랑을 경험했다. 이후 그는 온전하게 회복되기까지 몇 년에 걸쳐 재적응하고 치유받아야 했다. 그러나 이 순간이 그의 생애에서 위대한 치유의 시발점이 된 것은 의심할 여지가 없었다.

주목할 만한 책인 《하나님을 증오해도 괜찮은가요?》(May I Hate God?)에서 저자 피에르 울프는 우리를 하나님에게서 분리시킬 것이라고 생각되는 우리의 분노나 원통함이 어떻게 하나님과 더 깊은 친밀감을 누릴 수 있게 해주는지를 보여 준다. 얇은 책이지만 나는 영적인 삶의 고통과 직면하기를 두려워하는 사람들에게 이 책을 추천한다. 이 책은 사람들이 기억의 치유를 위한 기도 시간을 준비할 때에도 매우 유익하다.

이렇게 우리는 한 장에 걸쳐 기억의 치유가 필요한 기본 증상들, 즉 현재 행동을 방해할 만큼 강렬하게 우리 마음속에 재연되는 영상과 기억을 다루었다.

이제 다음 두 장에서는 2차 증상인, 하나님에 대한 왜곡되고 파괴적인 개념을 다루어보겠다.

5장

하나님에 대한 왜곡된 개념

우리는 모두 마음속에 하나님에 대한 이미지가 있다. 우리는 이것을 흔히 하나님에 대한 개념이라고 말하고, 전적으로 우리의 생각에만 있는 것처럼 이야기한다. 그러나 하나님에 관해 배워 온 것뿐 아니라 우리의 경험과 기억, 느낌이 이러한 이미지를 형성하는 데 큰 역할을 했다는 사실은 잊어버린다. 가장 결정적인 요인은 하나님이 누구시고 어떤 분인지에 대해 우리가 느낀 것들이다.

놀랍게도 꽤 많은 순수한 그리스도인들이 하나님에 관한 생각과 감정 사이에서 갈등한다. 머릿속 신학은 훌륭하지만, 기도할 때 느끼는 감정은 비참하다. 이것은 그리스도인들이 겪는 많은 감정적 장애에서 비롯되며, 기억의 치유가 필요하다는 강한 신호다. 옳은 신학 원리를 아무리 많이 알아도 하나님이 참 선하시고 은혜로우시다는 것을 느끼고 마음속에 간직하지 못한다면, 살아가면서 지속적인 영적 승리를 맛볼 수 없다는 것을 수년간의 경험이 알려 주었다.

좋은 소식과 나쁜 소식

좋은 소식이라고 공포된 복음이 왜 그렇게 자주 우리 감정에 안 좋은 영향을 끼치는 나쁜 소식이 되는 것인가?

이것을 이해하기 위해 해외 선교, 즉 타문화에 복음을 전하는 사역을 생각해 보자. 타문화권에 들어간 선교사는 얼마 지나지 않아 자신의 말을 선교지에 있는 사람들이 다른 의미로 알아듣는다는 것을 깨닫는다. 그가 하는 말을 현지인들은 전혀 다른 뜻으로 해석하는 것이다. 인도에서 사역하는 동안 "당신은 거듭나야 한다"(요 3:7)라는 본문으로 설교하는 것을 매우 조심해야 함을 알았다. 힌두교도들은 그 말씀을 환생해서 다시 태어나는 것으로 이해하기 때문이다. 그들이 믿는 식대로 받아들이는 것이다. 그래서 구원받을 때까지 계속 다시 태어나야 한다고 이해한다.

다른 예를 들어보자. "집"이라는 말은 어떤 사람에게는 "천국"을 의미한다. 그 사람은 천국 이미지를 떠올리고 천국에 있다는 느낌을 받는다. 그러나 어떤 사람에게는 "집"이 "지옥"을 뜻하며, 그렇게 인식하고 느낀다. 우리의 개념은 다양한 출처에서 기인하여 수많은 다른 기억으로 이루어져 있다. 인생의 경험이나 대인관계, 교육은 하나님에 대한 개념을 이루는 중요한 요소다.

우리가 배운 것도 물론 중요하지만, 받아들이는 것 역시 중요하다. 실제로 하나님에 대한 우리의 감정은 우리의 생각에 지대한 영향을 끼친다. 따라서 그러한 감정들은 우리가 가르침을 어떻게 수용할지를 결정짓는 강력한 요인이 된다. 그러나 많은 목회자와 사역자가 이 결정적인 요인을 간과하고 있다. 그들은 자신이 설교하고 가르치는 교리와 사상이 성경적으로 옳으면, 하나님에 대한 개념이 저절로 분명해져서 사람들이 자연스럽게 하나님을 믿고 의지할 수 있다고 생각한다. 마치 성령께서 듣는 사람의 머리 위에 구멍을 뚫어 순수한 진리를 쏟아 넣는다고 상상하는 것이다.

그러나 많은 사람에게 그것은 사실이 아니다. 성령이 진리를 계시하시는 유일한 분이긴 하지만, 그것을 듣고 마음에 그려보고 느끼는 것은 여전히 듣는 자를 통해 들어오기 때문이다. 사람마다 사물을 인식하는 방식이 다른데, 성령은 그 점을 무시하지 않으신다. 그러나 그러한 수용 기능이 심하게 손상되었을 때는 성경의 진리를 왜곡하여 받아들이게 된다.

이런 의미에서 "사람이 자기 형상대로 하나님을 창조하되"라는 우스운 말은 진리를 담고 있다. 심지어 매우 건강하고 정상적인 그리스도인에게도 하나님에 대한 개념을 명확히 하는 것은 일생의 과제다. 그것이 그리스도 안에서 성숙해가는 핵심이기 때문이다. 따라서 성육신이 그토록 필요한 것이다.

말씀은 육신이 되어야 했다. 하나님은 말씀을 통하여 자신을 최대한 계시하셨다. 구약의 위대한 선지자들이 그랬듯, 죄 많고 상처 난 마음으로 말씀을 들을 때는 아무리 애써도 말씀이 왜곡된다. 말씀이 인간의 생명이 될 때, "은혜와 진리가 충만한"(요 1:14) 하나님의 진정한 이미지를 볼 수 있다. 그러나 우리는 여전히 부분적이나마 말씀을 왜곡하게 된다. 예수님과 하나님의 인격을 묘사하는 성경 말씀이 우리의 기억이나 인간관계에 많은 영향을 받기 때문이다.

복음이 어떻게 나쁜 소식이 되는가

우리가 하나님에 관해 듣는 것과 느끼는 것 사이의 관계를 이해하는 것은 매우 중요하다. 그래서 그 과정을 도표로 그려보았다(93쪽 참조). 가장 윗부분은 예수 그리스도로 우리에게 나타난 복음이다. 당신이 그분을 보았다면 하나님 아버지도 본 것이다(요 14장). 하나님의 성품이 모두 나열되어 있지는 않지만, 이 정도면 하나님의 선하심을 그려보는 데는 충분하다. 수직선들은 그리스도 예수 안에 계시된 진리와 은혜가 참되다는 것을 나타낸다.

그 아래 점선으로 이어진 줄들은 건강하지 못한 대인 관계로 인해 하나님에 관한 복음의 순수함과 진실성에 문제가 생긴 것을 뜻한다. 그림에서 보듯이 복음이 모두 나쁜 소식으로 왜곡되었고, 사람들은 하나님의 참된 모습과 반대로 그분을 받아들인다. 그림에서 진리와 왜곡을 비교해 보라. 사랑 많고 돌보시는 하나님이, 증오로 가득하며 사람에게 무관심한 하나님이 되었다.

이미 "하나님은 사랑이 많으시다"라는 신학적인 개념을 지닌 내담자들에게 실제로 하나님이 그들을 어떻게 느낀다고 생각하는지 여러 번 물어보았다. 그들은 주로 이렇게 대답했다. "하나님

어떻게 좋은 소식이 나쁜 소식이 되는가?

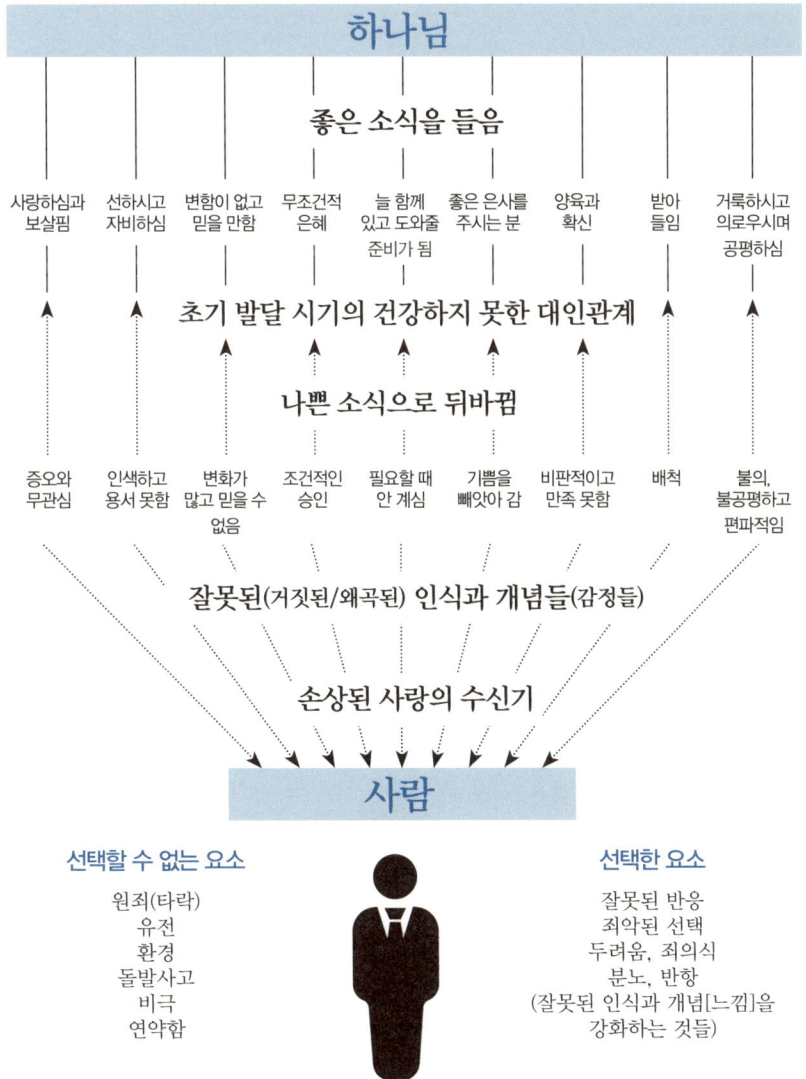

왜 성령께서 때때로 목회 상담자와 같은 일시적인 보조자가 필요하신가?

이 진짜 제게 관심이 있는 것 같지는 않아요. 제가 존재한다는 걸 그분이 아시는지도 모르겠어요." 그들이 느끼는 하나님은 그들의 신학적 견해와 모순되었다. 인색하고 용서하지 못하며 자신에게 앙심을 품고 있고 자신의 과거 죄들을 절대로 잊지 않으시는 매우 율법적인 분으로 느끼고 있었다. 마치 산타클로스 노래에 나오는 것처럼 말이다. "산타할아버지는 알고 계신대. 누가 착한 앤지 나쁜 앤지."

때때로 나는 하나님에 대해 설명하는 것을 힘들어하는 사람들에게 하나님의 모습을 그려 보게 한다. 그중에 하나님의 모습을 재미있게 그린 그림 몇 장을 갖고 있다. 어떤 그림에는 종이 전체에 커다란 눈이 그려져 있다. 마치 하나님이 모든 것을 지켜보시다가 우리가 잘못하거나 실패한 것을 잡아내시려는 것 같다. 또 어떤 그림에는 화난 표정을 한 사람이나, 날카로운 부리나 발톱으로 먹이를 물고 있는 새들이 그려져 있다.

어느 젊은 신학생은 그림을 잘 못 그리니 다음번에 자신이 생각하는 하나님의 모습을 찾아오겠다고 했다. 성탄절 즈음, 그는 어떤 잡지를 가져왔다. 그가 어떤 모습을 찾았는지 매우 궁금했다. 그 잡지에는 욕심 많고 화를 잘 내는 스크루지가 회계 장부를 앞에 놓고 책상 앞에 앉아 깃이 달린 펜을 손에 잡고 있는 그림이 있었다. 그리고 그 앞에는 공포에 질린 밥 크라칫(스크루지 사무실에서 일하는 점원_ 편집자)이 서 있었다. 그 신학생은 스크루지를 가리키며 "이 사람이 하나님이고요"라고 말했다. 그리고 밥을 가리키며 이렇게 말했다. "이 사람이 저입니다."

다시 93쪽 그림을 따라 가보자. 변함이 없고 믿을 만한 하나님을 굳게 신뢰하는 대신, 많은 그리스도인이 그분을 변화가 많고 믿을 수 없다고 마음 깊이 느끼고 있다. 그래서 그들은 두려움과 근심에 싸여 있다.

"놀라운 은혜"에 대해 찬송을 부르고, 교회학교에서도 은혜를 이야기하며, 심지어 다른 사람에게 전하기도 한다. 그러나 실생활에서는 자신이 "훌륭하게 잘 살 때"만 하나님이 용납하고 사랑하신다고 여기며 두려워한다. 하나님이 "늘" 그들과 함께하신다는 성경 구절을 인용하지만, "제가 필요할 때 하나님은 왜 나와 함께 계시지 않나요?"라고 묻는다. 그들에게 하나님은 "온갖 좋은 은사와 온전한 선물을 주시는 분"(약 1:17)이나 자녀에게 좋은 것을 주고 싶어하는 분(마 7:11)이 아니다. 오히려 그들이 진정으로 원하는 것은 무엇이든 빼앗아 가는 것을 즐기며 흥을 깨는 분이다. "왜 하나님은 제가 사랑하는 사람을 모두 빼앗아 가시는 것 같죠?" 마치 하나님이 그들을 계속 감시하다가 누군가를 몹시 사랑하거나 어떤 것을 재미있어하면 질투하시면서 "그것을 포기하라. 그러지 않으면 빼앗아 가겠다"라고 말씀하시는 것처럼 느껴진다.

그들이 생각하는 하나님은 자녀를 격려하고 돌보며 발전하도록 북돋아 주고 성장하는 모습을 기쁘게 바라보는 좋은 아버지나 어머니가 아니다. 그들의 하나님은 비난과 불만이 가득한 얼굴을 하고 있다. 그 하나님은 늘 "그것으로는 충분하지 않아"라고 속삭인다. 그래서 그들은 하나님께 거부당하고 받아들여지지 않았다고 느낀다. 그렇게 하나님께 받아들여지지 않았기 때문에 그분을 기쁘시게 하려고 애쓰는 악순환에 빠지는 것이다. 그들은 훌륭한 일을 해내야 한다고 생각한다. 그리고 결국 하나님을 왜곡하고 만다. 《상한 감정의 치유》에서 지적했듯이 이러한 그리스도인들은 보통 하나님을 향한 분노가 숨겨져 있다. 그들은 하나님의 심판이 불공평하고 편파적이라고 느낀다. 다른 사람들에게는 공평하시지만, 그들에게는 불공평하다고 느끼는 것이다. 그렇기 때문에 다른 사람에게는 사랑 많은 하나님에 대해 이야기하고 은혜로 구원받는다는 것을 설명하는 데 거리낌이 없지만, 정작 자신에게는 그것을 적용하지 못한다.

　이제 문제의 핵심으로 들어가 보자. 선이 꼬이게 된 이유가 무엇인지, 하나님의 성품에 대해 무엇을 잘못 인식했는지 살펴보자. 우리는 특히 유년기와 청년기 초기에 맺은 잘못된 대인 관계 때문에 하나님의 성품을 왜곡하게 된다. 어떤 요인보다 이러한 잘못된 관계 때문에 정서적으로 상처 입고 영적으로 왜곡된 관념을 갖게 되는 것이다. 그림을 보면 점선이 양쪽 방향을 향하고 있다. 나쁜 경험이나 대인 관계에서 내려오기도 하고, 사람에서 올라가기도 한다. 이것은 외부 요인에서 시작하여 점점 내면화되는 것을 뜻한다. 실제로 자신과 다른 사람, 하나님을 그렇게 인식하는 것이다. 그리고 그것이 삶의 방식이 되어버린다.

영적 과대망상증이 있는 사람은 사랑 넘치고 확신시키는 말들을 왜곡하여 모욕이나 배신, 심지어 협박으로 이해하기도 한다. 마찬가지로 상처 때문에 사랑을 받아들이지 못하는 그리스도인은 좋은 소식인 복음을 나쁜 소식으로 바꿀 수 있다. 그래서 그토록 많은 사람이 묘하게도 하나님의 은혜와 사랑, 자비라는 놀라운 약속을 제쳐두고, 분노와 형벌, 심판과 용서받지 못할 죄를 강조하는 성경 구절만 계속 선택하는 것이다. 그리스도인 사역자들이 이 상황을 제대로 이해하지 못하면, 상처받은 사람들을 도울 수 없다. 성경 읽기와 기도라는 영적 훈련을 통해 도리어 의무감과 죄의식을 가중시키기 때문에 실제로는 그들에게 해를 끼치게 된다.

마지막으로 그림에서 사람의 양 옆에 적힌 설명을 보자. 고통스러운 경험이나 상처받은 관계의 희생자였다고 해서 책임을 피할 수는 없다. 하나님에 대해 왜곡된 이미지를 갖게 한 우리의 타락한 성품을 포함하여 우리가 선택하지 않은 요소가 많다. 우리가 선택하거나 통제하지 못하는 다른 요소들, 즉 생물학적이고 심리적인 유전, 지리적이고 문화적인 환경, 돌발적인 사고, 비극적인 경험, 인생의 트라우마 등이 있다.

우리가 선택하지 않은 것이지만, 이런 것들은 대부분 성경이 말하는 "연약한 것"의 원인이 된다. 연약한 것이란, 신체적 약함, 불구, 선천적 장애, 몸과 마음과 영의 손상 등을 말한다. 연약한 것 자체는 죄가 아니지만, 우리로 하여금 쉽게 죄를 짓게 하는 요인이 된다. 유혹이나 죄를 대항하는 데 연약한 부분인 것이다.

사람 오른편에는 우리가 선택한 것들이 있다. 즉 우리가 책임져야 할 부분으로, 하나님과 사람에게 잘못 반응하도록 선택한 것이다. 우리는 분노와 쓰라림에 붙들려 고의적으로 하나님께 불순종하기로 결정했다. 이렇게 해서 우리는 두려움과 죄의식에 사로잡히고, 하나님에 대한 왜곡된 인식과 감정은 더욱 강화된다. 그렇기 때문에 아무리 다른 사람의 죄 때문에 희생되었을지라도 우리도 죄를 지은 자이기 때문에 우리 문제에 책임을 져야 한다. 우리는 용서해야 할 처지이기도 하지만, 다른 사람에게 용서를 받아야 하는 처지이기도 하다.

이 논리는 복잡하다. 그러나 혼란스럽게 하려는 것이 아니다. 무엇이 잘못되었는지 발견하고, 하나님에 대한 개념을 왜곡시키는 이미지와 감정에서 치유받기 위한 것이다. 가장 엄격한 기독교 훈련에 헌신할지라도 그리스도와 같은 하나님, 즉 우리를 노예가 아닌 친구로 여겨 주시는(요 15:15) 하나님을 발견할 때까지는 "성령 안에 있는 의와 평강과 희락"(롬 14:17)을 발견하지 못할 것이다.

"진짜 하나님은 일어나 주시겠어요?"

이 질문은 하나님에 대한 개념을 명확히 하도록 도와줄 어느 기사의 제목이다.[6] 조셉 시카는 아이들이 성장하는 각 단계에서 부모를 경험하는 다양한 방법을 조사하고, 그 경험에서 생길 수 있는 하나님에 대한 잘못된 개념이나 감정 중 일부를 나열했다.

❖ 율법적인 하나님은 **법률가**처럼 우리가 하는 것을 세밀히 기록하신다. 그분은 우리가 탈선해서 넘어지기를 기다리다가 우리를 실패자로 낙인찍으신다.

❖ 하나님은 코트 깃을 세우고 어두운 색 안경을 쓰고 변장한 **사설탐정**처럼 일정한 거리를 둔 채 늘 뒤따라 다니신다. 그리고 우리가 탈선하는 순간, 숲속에서 뛰어나와 소리치신다. "잡았다!" J. B. 필립스가 《당신의 하나님은 너무 작다》(Your God Is Too Small)에서 표현했듯이, 그분은 잠복근무하는 경찰과 같다.

❖ 하나님은 **돌부처**처럼 솜사탕 같은 구름 위에 요가 자세로 버티고 앉아 하루 종일 제물과 제사를 기다리신다.

❖ **철학자** 하나님은 아리스토텔레스가 말한 우주의 "부동의 동자"(움직이지 않은 채 움직이는 자)로서 혼자 멀리 계시며 냉정하고 쌀쌀맞다. 우주를 운행하느라 매우 바빠서 우리의 사소한 문제에는 관여하실 수 없다. 누군가가 묘사했듯이 그분은 닫힌 문에 "방해하지 마시오"라고 붙이고 사무실에 조용히 앉아 백과사전과 씨름하고 계신다.

❖ 하나 더 추가한다면, 하나님은 **애굽 바로**다. 그분은 항상 할당액을 높이고 점점 많은 것을 요구하는 주인이어서 만족시키기가 힘들다. "벽돌을 만들라"고 하다가 "벽돌을 더 많이 만들라"고

하고, 그 다음에는 "짚을 사용하지 말고 벽돌을 만들라"고 한 바로처럼 갈수록 큰 짐을 지운다. 하늘에 계신 성부 하나님과는 정반대다. 그분은 늘 "제대로 처리해! 못하면 각오하라고!"라고 말하는 마피아단의 무시무시한 대부 같다.

관계 그려 보기

하나님에 대한 왜곡된 개념은 왜 상처를 주는가? 다른 사람들과 연관시켜 생각해 보자. 사람들을 향한 생각과 감정은 모든 대인관계의 기본 원리로, 그들을 대하고 관계 맺는 데 영향을 준다. 사람들에 대해 우리가 생각한 이미지에 비추어 우리는 그들이 우리에게 어떻게 행동할지 추측한다. 우리는 사람들이 우리가 생각하는 이미지대로 행동하기를 기대하기 때문이다. 우리의 이미지는 또한 그들에게 어떻게 행동할지를 결정한다. 예를 들어 실제로는 사기꾼인데 내가 그를 정직한 사람이라고 생각하면, 나는 그를 신뢰하지만 그는 나를 속일 것이다. 그러나 반대 상황이 있을 수도 있다. 실제로는 정직한 사람인데 사기꾼이라고 추측하면 내가 신뢰하지 않은 탓에 그 사람을 잃어버리게 된다. 두 경우 모두 잘못된 개념 때문에 사람을 잃게 되는 것이다.

 인간관계에서 이것이 사실이라면 하나님과 우리의 관계에서는 얼마나 더 중요하겠는가! 우리가 대부분 하나님을 사랑하지 못하고 신뢰하지 않는 것은 하나님을 사랑 없고 믿지 못할 분으로 생각하기 때문이다. 그에 대한 우리의 분노는 진짜 하나님에 대한 것이 아니다. 비기독교적이거나 기독교 아류적인 사고방식에서 나온 하나님에 대한 것이다. 이런 사실에 대해 유일한 위로는 하나님이 우리를 알고 이해하신다는 것이다. 하나님은 우리가 신뢰하지 못한다고 화내지 않으신다. 오히려 그분에 대한 허상 때문에 우리가 그분을 진정으로 알지 못하는 것을 매우 슬퍼하신다. 우리보다 훨씬 가슴 아파하신다. 그래서 그분에 대한 왜곡된 개념이나 감정을 심어 준 우리의 상처가 치유되도록 돕고 싶어하신다.

6장

하나님을 왜곡할 때 겪는 어려움

하나님에 대한 잘못된 개념이나 감정 때문에 사람들은 영적으로 다양한 문제에 빠진다. 그중 어떤 것은 기억의 치유가 필요하다. 그 문제들은 서로 연관되어 있지만, 가장 흔한 것들을 하나씩 살펴보면 도움이 될 것이다.

용서받았다고 느끼지 못하는 경우

복음주의 그리스도인들이 지닌 귀한 믿음 가운데 "성령의 증거"라고 부르는 것이 있다. 이 신학 용어는 우리가 "구속받은 하나님의 자녀"임을 내적으로 알고 확신하는 것을 뜻한다. 성경에서 말하는 "하나님의 자녀"에는 두 가지 의미가 있으므로 여기서는 "구속받은"이라는 단어를 주목하라.

창조되었다는 의미에서 모든 인간은 "하나님의 자녀"다. 하나님이 창조하셨기 때문에 인종, 문화, 성별, 교육 수준으로 인간을 구분하지 않으신다. 그러나 좀 더 주의 깊게 살펴보면, 성경은 모든 사람이 하나님의 자녀는 아니라고 분명하게 밝힌다. 예수님은 어떤 사람들을 마귀의 자녀(요 8:44)라고 말씀하셨다. 영적으로 하나님의 자녀가 된다는 것은 그분과 완전히 새로운 관계를 맺는 것을 의미하며, 구속, 즉 용서와 새 생명을 요구한다. 예수님이 그분의 삶과 죽음과 부활을 통해 우리를 위해 행하신 것을 믿는 은혜로 우리는 구속받는다. 그리고 우리 안에 살아 계시는 성령으로 말미암아 우리는 구속받았다고 확신한다. 바울은 이것을 분명하게 기록했다.

> 너희는 다시 무서워하는 종의 영을 받지 아니하고 양자의 영을 받았으므로 우리가 아빠 아버지라고 부르짖느니라 성령이 친히 우리의 영과 더불어 우리가 하나님의 자녀인 것을 증언하시나니(롬 8:15-16)

다른 그리스도인들처럼 나 역시 이 구절을 여러 해 동안 오해했다. 이 증언이 우리를 감격시키고 확신 가운데 초능력을 행사하는 성령의 유일한 역사라고 잘못 생각해 온 것이다. 이 증언은 매우 강력해서 우리가 구속받았다는 것을 알고 느끼지 않을 수 없다고 생각했다. 그러나 다른 사람들을 상담하면서 이 구절이 전혀 다른 의미라는 것을 알게 되었다.

성경은 "성령이 우리의 영과 더불어 증언한다"고 말한다. 즉 내적 확신이란 단지 우리에게 증언할 뿐 아니라, 우리의 영과 함께 증언한다는 것이다. 그의 영이 우리의 영과 함께 증언한다는 것은 하나님과 인간이 함께 일한다는 의미다. 진정한 증언이 되려면 적어도 두 사람이 필요하다는 성경의 원리에 딱 들어맞는다(신 17:6; 마 18:16). 그래서 성령과 우리의 영이 함께 동의한다는 것은 우리가 용서받고 하나님의 자녀로 받아들여졌다는 내적 확신을 심어 준다.

그러나 우리의 영이 매우 심하게 상처받아서 이 증언을 지탱할 수 없다면 어떻게 되는가? 우리가 받아들이고 느끼는 능력이 몹시 왜곡되어 하나님을 아빠 아버지라고 생각하거나 느낄 수 없다면? 하나님이 우리를 아들이나 딸이라고 부르실 수 있다는 것을 생각하거나 느낄 수 없다면? 부모, 가족, 선생님, 배우자, 심지어 교회 지도자들에게 받은 과거의 상처를 치유받지 못한 많은 그리스도인이 하나님과의 관계도 확신하지 못하고 있다. 2장에서는 아이들이 단어로 된 언어를 배우기 훨씬 전에 관계의 언어를 배운다는 사실을 언급했다. 건강하지 못한 관계에서 비롯된 아픈 기억들은 종종 너무 심각해서 하나님과 새로 관계를 맺는 데 방해가 되기도 한다.

아이들이 구체적인 것에서 추상적인 것을 배우고, 사건과 사람과의 실질적인 경험에서 생각과 개념을 배운다는 것은 잘 알려진 사실이다. 성장하면서 아이들은 점차 추상적인 관념에 대해 생각한다. 사람과 사건을 경험하면서 사랑, 용납, 믿음, 정의(공평), 신뢰 같은 개념을 형성하게 된다. 관계에 근거한 이러한 개념과 감정이 함께 섞여 하나님의 자비, 용서, 성령의 증거를 경험하는 기초가 되는 것이다.

자녀에게 하나님의 성품을 가르치는 것은 매우 중요하다. 우리는 자녀를 "주의 교훈과 훈계로"(엡 6:4) 양육해야 한다. 그러나 이미 지적했듯이 부모처럼 아이에게 영향을 끼치는 중요한 어른들의 성품이 하나님의 성품과 비슷한 분위기나 환경일 때 아이들은 제대로 배우게 된다. 이 둘이 서로 모순되면, 감정적이고 영적인 파멸과 상치 때문에 사랑을 받아들이기 힘든 사람이 된다. 자신이 사랑받고 용서받고 구속받은 하나님의 자녀라는 확신을 일관되게 유지하기 힘든 사람이 되는 것이다.

상처를 치유받기 위해서는 보통 두 가지가 필요하다. 첫째, 문제의 원인이 된 주요 관계를 치료하는 것이다. 상담자나 자신이 신뢰하는 친구에게 도움을 받아 나를 손상시킨 상처로 돌아가 그 기억을 치유받아야 한다. 둘째, 신뢰하는 관계를 개발하는 것이다. 보통은 상담자나 목회자를 신뢰하는 법을 배우는 것에서 시작한다. 그러나 교회나 소그룹에 속하여 다른 그리스도인들과 새로운 관계를 맺으면서 계속 치유받아야 한다. 그곳에서 마음을 터놓는 열린 마음과 조건 없는 사랑을 체험하고, 인정받을 자격이 없을 때조차도 인정받을 수 있음을 믿게 되어야 한다. 더 나은 결혼 생활을 위한 주말 모임에서 이전에 경험해 보지 못한 조건 없는 사랑으로 어떤 사람을 감싸 주었을 때, 그들이 얼마나 많이 달라지기 시작하는지를 아내와 나는 많이 보았다. 많은 사람이 그때 진정으로 사랑받고 용서받았다고 느꼈으며, 계속 그렇게 확신할 수 있었다고 간증했다.

하나님을 믿거나 순종할 수 없는 경우

기억을 치유해야 한다는 것을 암시하는 또 다른 흔한 영적 문제는 하나님을 믿거나 그분께 순종하지 못하는 것이다. 앞서 언급한 많은 어려운 부분이 이 문제에도 적용된다. 그러나 여기서 중요한 원리는, 하나님은 우리가 두려워하는 것을 신뢰하거나 순복하지 않도록 우리를 창조하셨다는 것이다. 하나님이 우리에게 방어 장치를 심어 두신 것이다. 위험이나 두려움에 처하면, 우리는 경계 태세에 돌입한다. 몸을 방어하기 위한 화학물질을 생산해 내고, 마음과 영도 이 일을 자극한다. 이것은 하나님이 주신 생존 장치다. 으르렁거리는 곰이나 혀를 날름거리는 독사에게 우리가 일부러 다가가 껴안지 않게 만드셨다. 오히려 신뢰하기 두려운 존재 앞에서 우리는 주저한다.

같은 원리 때문에 어떤 사람은 하나님께 순종하는 것이 불가능하지는 않지만 매우 어렵다. 사람들에게 하나님을 신뢰하고 그분께 순종하라고 요구하는 것은, 그들이 하나님을 신뢰할 만하고 그들의 유익에 관심을 갖고 계시며 일생을 맡길 만한 분으로 여긴다고 가정하기 때문이다. 그러나 그들 마음 깊은 곳에서는 그 말이 그들에게서 인생을 즐길 자유를 빼앗아가고 그들을 비참하게 만들며 무슨 일이 벌어질지 예측할 수 없는 두렵고 전능한 괴물에게 굴복하라는 소리로 들린다. 그들은 마태복음 6장 33절을 내심 이렇게 해석한다. "너희는 먼저 그의 나라와 그의 의를 구하라 그리하면 이 모든 것을 너희에게서 빼앗아 가리라."

정서적으로 건강한 사람도 마음속에는 하나님을 의지하고 온전히 순종하는 데 갈등을 느끼게 하는 원죄와 이기심이 존재한다. 그러나 지금 우리는 그런 것을 뛰어넘어 온전히 헌신하는 것에 대한 뿌리 깊은 걱정을 이야기하는 것이다. 이 걱정 뒤에는 하나님에 대한 왜곡된 인식이 있으며, 이러한 인식이 하나님께 순종하지 못하게 만든다. 그리스도인 사역자들이 이런 사실들을 깨닫지 못한다면 상처받은 사람들을 순종으로 이끌 수 없을 뿐더러, 하나님을 할 수 없는 것만 요구하는 분, 그들이 하려는 것을 방해하는 장애물을 극복하도록 도와주지도 않으시는 분, 그러면서 지나치게 요구만 하는 분으로 생각하게 해서 문제만 가중시킬 뿐이다.

진정으로 그리스도 안에서 자라고 싶지만 하나님께 맡기지 못하기 때문에 뒷걸음치는 그리스도인들이 있다. 이처럼 회의적인 그리스도인을 면담하는 목회자와 상담자는 그들이 마음 깊은 곳에서 하나님을 어떻게 생각하고 느끼는지를 점검해야 한다. "하나님은 진정으로 믿고 사랑할 만한 분인가?" 나는 내담자에게 자주 이 질문을 한다. 성경을 많이 아는 누군가는 누가복음 11장 11-12절 말씀을 정반대로 인용하며 이렇게 대답했다. "내게 하나님은 생선을 달라고 할 때 뱀을 주고 알을 달라고 할 때 전갈을 주는 아버지인 것 같아요." 이렇게 느끼고 있는 사람이 하나님께 온전히 순종하기 어려워하는 것이 이상한가? 아니면 성내고 원망에 차 있는 것이 이상한가?

하나님을 왜곡하여 생각하게 된 이유를 깊이 파고 들어가면, 불공평하고 전혀 예측할 수 없으며 신뢰할 수 없는, 자격 없는 부모나 다른 영향력 있는 인물의 이미지와 하나님의 개념이 뒤섞여 있는 것을 발견하게 된다. 고통스러운 경험의 기억이 매우 강해서 누군가를 믿고 의지할 수가 없는 것이다. 그러나 상담자와 내담자가 힘을 합해 배신과 분노의 기억을 치유한다면, 그 사람도 하나님을 존경하고 신뢰하며 사랑할 수 있다.

갈등하는 그리스도인들의 입에서 "믿어보도록 노력할게요"라는 말이 나오도록 압박할 것이 아니라, 그들이 무엇 때문에 고통받는지 그 근원을 이해하고 찾아내서 치유되도록 도와야 한다. 그럴 때 그들이 "주님, 저는 당신이나 다른 누구도 신뢰할 수 없었지만 이제 처음으로 당신을 신뢰합니다"라고 말할 것이다. 이것은 단순한 말장난이 아니다. 마음 중심이 전환되는 중요한 사건이다. 자아 중심에서 그리스도 중심으로 움직일 때, 예수님께 순종하는 선한 출발을 하는 것이다. "주님, 내가 믿나이다 나의 믿음 없는 것을 도와주소서"(막 9:24)라고 눈물로 고백한 사람의 아들을 고쳐 주시며 예수님이 그를 용납하고 칭찬한 것처럼 자신을 드러내고 본래 모습으로 돌아가기 시작하는 것이다.

지적인 질문과 신학적 의심

아픈 기억을 치유해야 한다는 필요를 나타내는 세 번째 문제의 핵심은 지적인 질문과 신학적 의심이다. 어떤 사람은 "지적"인 것을 왜 "정서적" 증상에 포함하는지 의아해할지도 모르겠다. 앞서 언급했듯이 성경은 "전인적인 사람"에 대해 이야기한다. 믿음과 교리와 관련하여 전인적인 사람에 대한 것은 더 분명해진다. 기본적으로 감정과 생각과 의지는 상호 의존적으로 연합되어 있으며, 자아의 중심 안에서 각각 서로 영향을 끼치기 때문이다. 이것은 믿음이란 느끼고 생각하고 행동하는 전인적인 인간과 관련된다는 히브리적 신념을 반영하고 있다. 신학적인 믿음이 순전히 이성적인 정신과 생각의 문제라고 생각한다면, 자신을 기만하고 착각하는 것이다.

감정과 생활양식은 종교적인 믿음에 큰 영향을 끼친다. 질병, 심지어 그 흔한 감기에도 우리의 믿음과 기도, 인내 등이 얼마나 영향을 주는지 알고 있는가? 그리고 그와 관련하여 하나님이나 우리 자신, 다른 사람들에 대해 어떻게 생각하고 느끼는지도 생각해 보았는가? 우리가 감정적 요인에서 종교적 요인으로 옮겨 갈 때, 그중에서도 기독교 신앙에 관한 질문과 의심으로 공격받을 때 그 영향은 더욱 커진다. 이성이 신앙을 공격하는 것이 아니라 깊이 뿌리박힌 감정이 우리 신앙뿐 아니라 이성을 압도하는 것이다. 이러한 감정은 매우 강해져서 우리의 신앙을 누르고 제압할 수 있다. "물론이죠. 머리로는 잘 알지만 감정이 너무 강렬해서 하나님이 진짜 제게 관심이 있는지 의심하지 않을 수 없어요"라는 말을 흔히 듣는다.

"의심"을 잘 다룬 좋은 책으로 오스 기니스가 쓴 《두 마음으로》(In Two Minds)가 있다. 이 책은 학문적이고 실질적인 면에서 의심에 대해 가능한 모든 관점을 다루고 있다. "옛 상처로 생긴 흉터"라는 장에서는 순전히 정신적인 측면에서 기원한 의심을 논의한다. 저자는 아름다운 예화로 이 문제를 뚜렷하게 설명한다. 자신이 원하는 것은 무엇이든 다가가 잡을 수 있다는 건강한 믿음을 지닌 사람을 마음속에 그려보자. 그런데 이 사람의 손바닥에 상처가 났다. 잡으려는 물건은 앞에 있고 잡을 힘도 충분하다. 그러나 그 상처가 몹시 아파서 물건을 잡기가 어렵거나 거의 불가능하다.

이것이 바로 치유되지 않은 감정적 상처를 지닌 많은 그리스도인에게 일어나는 것이다. 믿으려고 애쓰지만 매우 고통스러운 감정적 상처가 큰 고통을 준다. 그들의 머리에서 나오는 듯한 질문과 의심은 사실 마음 깊이 파묻힌 상처에서 생겨나는 것이다. 하나님에 대한 개념이나 감정이 심하게 왜곡되어 깊이 상처받았기 때문에 그 고통스러운 상처를 다시 열지 않기 위한 의심으로 가득 차 있다. 미국 심리학의 아버지 윌리엄 제임스는 이 문제를 잘 알고 있었다. 그는 감정적인 것에 뿌리박은 종교적이고 신학적인 의심은 이성으로 해결될 수 없다고 주장했다. 사역 초기에 나는 그가 옳다는 것을 알았다.

나는 일생의 많은 시간을 교육기관과 관련되어 일해 왔다. 그래서인지 "기독교 신앙에 관한 지적인 문제"로 나를 찾아오는 사람들이 있었다. 많은 사람이 순수하게 진리를 추구했기 때문에 나는 기꺼이 그들이 믿음을 지킬 만한 합리적인 신앙을 얻도록 도와주는 데 많은 시간을 보냈다. 그러나 얼마 지나지 않아 나는 성경을 아무리 많이 공부하고 신학적으로 사고해도 질문과 의심을 없앨 수는 없다는 것을 깨달았다. 문제가 해결된 후에도 또 다른 의심이 생기면서 문제에 문제가 꼬리를 문다. 그러한 의심은 감정적으로 뿌리를 내린 것이기 때문이다.

또한 이런 사람들이 고민할 만한 신학적 문제를 상당 부분 예측할 수 있었다. "이교도는 구원받지 못하는 것인가?" "예정론이란, 하나님이 단지 몇몇 사람만 구원하기로 택하시는 것인가?" "단순히 마음을 준비한 것이 회심인지 아닌지 어떻게 알 수 있는가?" 성경에는 혼란스러운 구절이 많이 있는데 히브리서에는 그런 구절이 조금 더 많다(6:4-8, 10:26-31, 12:15-17). 물론 사람들은 늘 "용서받지 못하는 죄"에 대한 논쟁을 좋아한다. 자신이 그런 죄를 지었다는 생각에 빠져 있는 사람을 구해 내려고 애써 논쟁해 본 적이 있는가? 그런 적이 있다면 대부분 완전히 시간 낭비였다는 것을 알았을 것이다.

상처받은 그리스도인들에게 이것은 전혀 지적인 문제가 아니다. 신학적인 것으로 가장한 감정적인 문제다. 치료받지 못한 상처가 하나님에 대한 그들의 생각이나 감정과 지나치게 얽혀 있어서 고통을 느끼지 않으려는 수단이 되는 것이다. 오스 기니스가 우리에게 상기시켜 주듯이 진정한 지적 의심들은 대답이 필요하지만, 정서적인 것에서 비롯된 의심들은 필요를 찾는 것이다. 따라서 기본적인 내적 필요가 채워지고 옛 상처들이 치유될 때까지 의심은 계속 남아 있다. 상처를 낳은 사건들에 대한 기억으로 고통받기보다는 의심의 고통을 참는 것이 덜 괴롭기 때문이다.

목회자나 상담자는 이 부분을 반드시 잘 알아두어야 한다. 그렇지 않으면 직선적이고 단순한 치유책을 시도해서 사람들을 돕기는 커녕 더 깊은 절망으로 몰아갈 것이기 때문이다. 이들은 진심으로 믿고 싶어한다. 때로는 세상 어떤 것보다 더 믿고 싶어한다. 그들의 질문은 바로 이런 갈망에서 나오는 것이다. 믿고 싶은 갈망이 굉장한 나머지 믿을 때 따르는 끔찍한 고통까지 무릅쓰지만 결국 견디지 못하고 좌절하고 만다. 이러한 좌절은 이미 과거에 경험한 것이기 때문이다.

예를 들어 지금까지 온전한 사랑을 경험하지 못하고 단지 증오와 배척, 심지어 잔인함만 경험한 사람이 있다면 하나님이 진정으로 그를 사랑한다고 믿을 수 있겠는가? 어머니에게 온갖 비난과 잔소리를 들으며 야단과 체벌만 받아온 아들이 하나님을 기쁘게 하거나 "그리스도 예수 안에 있는 자에게는 결코 정죄함이 없나니"(롬 8:1)라는 말씀을 진정으로 믿고 진리라고 느낄 수 있겠는가? 이런 사람들은 오히려 앞서 언급한 히브리서 구절처럼 좀 더 비판적인 성경 구절에 끌리지 않겠는가?

"아빠가 저를 껴안아 줄지 주먹으로 때릴지 알 수 없었어요. 사실은 그것이 어떤 차이를 만드는지도 전혀 몰랐는걸요"라고 말하는 딸, "아빠가 나가면 언제 돌아오실지 몰랐어요. 몇 시간, 며칠, 또는 몇 년이 될지도요"라고 말하는 젊은 여성, "아빠가 제게 성행위를 할 때면 저는 베개에 얼굴을 파묻고 소리 지르며 울었어요"라고 흐느끼며 말하는 여성이 과연 어떤 신학적 질문을 할 수 있겠는가? 근본적으로 치유되지 않는다면, 이 여성들이 하나님에 대해 올바른 신학적 개념을 갖출 수 있겠는가? 하나님이 우리를 사랑하시고 돌보시며 결코 버리지 않으시는 하늘 아버지라고 생각할 수 있겠는가?

그렇다. 극단적인 사례들이지만 이것들은 중요한 사실을 보여 준다. 신학적 질문이나 의심이 모두 불신앙이나 불신, 반항의 표시는 아니다. 많은 경우, 이것은 깊은 내적 치유가 필요한 증상이다. 잘못 이해한 교리를 바로잡고 성경을 바르게 이해시킬 수 있는 것은 오직 치유를 받은 뒤에야 가능하다.

신경증적 완벽주의

《상한 감정의 치유》에서 완벽주의를 폭넓게 다루었으므로 여기에서는 자세히 설명하지 않겠다. 그 책의 독자에게서 수많은 편지와 전화를 받고 나서 나는 완벽주의가 오늘날 그리스도인에게 영향을 끼치는 가장 흔한 감정 질환이라는 나의 초창기 확신을 재확인할 수 있었다.

기독교의 완전 교리와, 그 교리를 가장 방해하는 허울뿐인 신경증적 완벽주의(neurotic perfectionism)를 혼동하지 말자. 성경이 말하는 "완전"은 성령 충만을 통해 그리스도의 거룩함을 입어 성숙하고 성화되는 것으로, 우리가 죄를 이기고 승리하는 삶을 살 수 있게 한다. 칭의와 마찬가지로 "완전" 역시 순전히 하나님이 주시는 은혜의 선물이다. 믿음으로 받아들이고 믿음으로 살게 하는, 근본적으로 관계의 문제인 것이다. "완전"은 우리의 행위로 얻어지는 것이 아니라 하나님의 완전한 행위를 믿는 믿음에 근거한다. 성경은 곳곳에서 이러한 삶을 성화의 목적으로 삼도록 권면하고 있다.

기독교적 완전 교리는 신학적 배경에 따라 다양한 이름이 붙여졌다. "더 높은 삶", "더 깊은 삶", "성령 충만한 삶" 등으로 불리지만, 안타깝게도 그리스도인들은 저급하고 피상적이며 적당히 사는 데 만족하는 것 같다. 이것은 모든 그리스도인을 위한 규범이며 구속받은 자녀들을 위한 하나님의 뜻이다. 진정한 기독교 완전 교리는 하나님께 있는 그대로 받아들여지고 사랑받는 것에 감사하여 하나님을 기쁘게 해드리고 그분이 바라시는 대로 최선을 추구하는 것이다.

신경증적 완벽주의는 이 완전 교리와 비슷하지만 실제로는 진정한 기독교 완전 교리의 가장 큰 적이다. 신경증적 완벽주의자들은 하나님께 받아들여지기 위해, 그리고 자신이 이룬 업적과 성취를 통해 하나님과 관계 맺기 위해 억지로 계속 안간힘을 쓰기 때문이다. 그들은 안식을 누리는 신자가 아니라 고집 센 성취가다. 이렇게 된 근본 원인은 하나님이 늘 요구하신다는 생각과 감정에서 비롯된다. 그들의 하나님은 계속 완벽한 행위를 요구하는 폭군이자 불완전을 참지 못하고 벌 주시는 심판자다. 아주 조그마한 실수도 용납하지 않으시고 정죄하며 죄의식을 심어 준다. 그렇기 때문에 완벽주의 그리스도인은 하나님 앞에서 보이는 그들의 행동을 하나님과의 관계보다 중요하게 여긴다. 진리를 왜곡하여 이해하는 것이다. 믿음보다 행위를, 신뢰보다 공적을, 거저 받기보다 노력을, 예배보다 사역을, 하나님과의 관계보다 성취를 중요시한다.

이러한 완벽주의자들이 과민하며 "의무의 폭정" 아래 살게 되는 것은 당연하다. 그들은 교리와 의무와 규율과 규칙을 지나치게 강조하며, 자신을 비하하는 거짓된 겸손으로 자신의 불안을 달래려고 애쓴다. 그러나 아무리 열심히 노력해도 죄의식에 사로잡히고, 극심한 감정 기복과 두려움, 우울함에 빠진다. 하나님과 그들의 관계는 은혜가 아닌 행위에 근거하기 때문이다. 잘해야 갈라디아서에서 우려하는, 은혜와 행위가 뒤범벅된 상태에 처해 있다.

많은 그리스도인이 회개와 고백, 기도, 성경 읽기, 봉사 행위를 은혜와 바꾼다. 성경 한 장 더 읽고, 한 시간 더 기도하고, 교회에서 또 다른 봉사를 하면서 내적 평화를 찾고 하나님을 기쁘시게 하려고 하지만, 결코 성공하지 못한다. 그러고 나면 피할 곳이 없는 함정에 빠졌다고 느낀다. 정말이지 진퇴양난인 것이다. 결국 신경증적 완벽주의자는 이러한 절망에 빠지고, 많은 신실한 그리스도인도 정서적으로나 영적으로 무너지고 만다.

설상가상으로 이들은 대인 관계가 부족한 탓에 대부분 "외로움"이라는 커다란 문제를 지니고 있다. 보통 사람들은 자신의 불완전을 발견하면 다른 사람들도 (하나님처럼) 자신을 거부할 것이라고 확신한다. 그래서 사람들의 비난에 과민하게 방어하고, 대화하는 것을 꺼리며, 사람들을 난처하게 만드는 식으로 먼저 선수를 친다. 그러나 이 모든 것은 결국 다른 사람과의 관계를 악화시킨다. 그들은 무의식적으로 자신이 그토록 두려워하는 거부나 부인을 당할 준비를 하고 있는 것이다.

이런 악순환에 대해 그들은 마음속으로 이렇게 비난한다. "봐, 내가 생각한 대로야. 맞지? 내가 완벽하지 않으면 사람들은 나를 용납하지 않을 거야." 결국 용납하며 사랑"해야만" 하는 다른 사람들을 분노와 원한으로 대하는 것으로 이 악순환은 끝나고 만다. 그러면 모든 사람, 특히 가장 가까운 사람들이 좌절하고 실망한다.

그리스도인들은 다양한 각도에서 완벽주의라는 병균에 고통당한다. 그리스도 안에서 성장하며 겪는 과정이기 때문에 우리는 모두 조금씩 그런 면이 있다. 심지어 훌륭한 부모를 두었거나 이상적인 환경에서 자라난 사람도 하나님에 관한 왜곡된 개념과 싸워야 한다. 내가 선택했든 안 했든, 우리 자신의 죄성과 거짓말의 아비인 사탄이 그렇게 만들기 때문이다.

 하나님의 사랑에 관한 가장 놀라운 사실은 우리가 그분을 왜곡하여 이해해도 우리를 받아 주신다는 것이다. 우리는 대부분 율법과 은혜가 섞여 있는 영적 순례를 시작한다. 그러나 많은 실패를 통해 그분의 위대한 신실하심을 경험할 때 "만세 반석"(새찬송가 494장), "빈손 들고 앞에 가 십자가를 붙드네"라는 찬송을 진정으로 부를 수 있을 것이다.

 도덕적인 열심이나 성실한 훈련에도 완벽주의에서 벗어나지 못하고, 그리스도 안에서 자유를 누리거나 성숙하지 못하는 사람이 많다. 대신 그들은 계속 행위에 집중하며, 심지어 우리가 설명한 신경증적 수준의 완벽주의에 빠져들기도 한다. 그들은 매우 진지하지만 속으로는 깊은 절망 가운데 날마다 임무를 수행하는 불행한 그리스도인이다. 그들이 만일 부모라면 자기도 모르는 사이에 자녀를 조건적으로 사랑하며 율법적이고 긍휼이 없는 집안 분위기를 만들어 다음 세대까지 치명적인 감염을 퍼뜨릴 것이다. 그러나 이렇게 되지 않을 수 있게 하신 하나님께 감사하라. 마음 깊은 곳에서 하나님의 조건 없는 은혜를 경험한다면 그들도 치유될 수 있다. 그러기 위해서는 하나님에 대한 생각과 감정을 바로잡아야 한다. 그리고 때로는 그런 왜곡된 이미지를 심어 준 기억들이 치유되어야만 한다.

마리아와 랍오니

몇 년 전, "어떤 그리스도인들은 내적 치유가 필요하다"는 내용으로 설교한 적이 있다. 이 설교를 듣고 캐리라는 여성이 상담을 받으러 나를 찾아왔다. 그녀는 매우 지적이고 매력적이며 직장에서도 크게 성공한 성령 충만한 그리스도인이었다. 그런데 그 설교를 듣는 도중에 성령께서는 그녀가 하나님께 깊이 분노하고 있다는 것을 알게 하셨다. 평생 열성적인 그리스도인이었던 50대의 캐리에게 이것은 큰 충격이었다. 정기적으로 상담하면서 여러 겹의 억압된 감정을 차근히 다루다가 마침내 성령께서 치유가 필요한 곳으로 안내하셨다. 열 살 때 기억이 천천히 되살아난 것이다.

당시는 2차 세계대전 중이었고, 캐리가 잘 따르는 친오빠는 군대에 있었다. 그런데 어느 날 군 장교가 참혹한 소식을 전해 왔다. 오빠가 전사했다는 것이다. 그 소식을 들은 부모님은 망연자실했다. 어머니는 며칠 동안 방문을 잠그고 나오지 않았다. 캐리는 강해져야 했고, 많은 집안일을 혼자 떠맡아야 했다. 세상에서 누구보다 사랑한 오빠를 잃어 몹시 상처받았지만 그녀의 슬픔을 보듬어 줄 만큼 관심을 보이는 사람은 아무도 없었다. 그녀에게는 상실한 슬픔을 표현할 기회조차 없었다. 무참히 짓밟히고 상심한 그녀의 마음 깊은 곳에서는 오빠를 죽게 내버려 둔 하나님과, 눈물을 보이지 못하게 한 가족에 대한 분노가 일어났다. 그녀는 자신의 욕구를 전혀 충족하지 못한 채 열 살짜리 초인이 되어야 했다.

그 일로 캐리는 폐쇄적이고 지나치게 강요하는 완벽주의자가 되었다. 그런데 이제야 이 고통스러운 기억과 함께 슬픔을 표현할 기회가 온 것이다. 그녀가 느낀 분노와 고통의 핵심은 이것이었다. "저는 항상 일해야 했고, 진정한 내가 아닌 다른 사람이 되어야 했어요." 그리고 이것은 어른들과 하나님이 자신에게 늘 실제 이상이 되도록 요구하는 식으로 가중되었다.

캐리의 허락을 받아 치유의 전환점을 묘사한 편지를 소개한다.

어제 선생님과 상담한 후 집에 와서 점심을 먹으며 늘 그랬듯 책을 한 권 읽기 시작했어요. 필립 켈러가 쓴 《랍오니》(Rabboni)였어요. 무심코 읽다가 "하나님의 용서하심"이라는 장에 이르렀는데 갑자기 그것이 단순히 책이 아니라는 생각이 들었어요. 하나님이 그 책을 통해 제게 "네가 용서받았다"라고 말씀하시는 것 같았거든요. 생애 처음으로 용서받았다는 느낌이 믿을 수 없을 만큼 생생하게 가슴에 와 닿았어요. 제 마음에서 시작한 노래, 즉 용서받았다는 자유로움과 경이로운 감정을 표현할 말이 없었죠.

용서받았다고 깨닫게 된 건, "저는 이제 무엇을 해야 하나요?"라는 제 질문에 아무것도 하지 말라는 선생님의 대답을 곰곰이 생각했기 때문이었어요. 정말 간단해 보이는 대답이었죠. 그러나 그것이 바로 제게 필요한 답이라는 걸 깨달았어요. 하나님이 이미 다 이루셨기 때문이죠. 앞으로 많이 재조정되겠지만, 오늘 그 일이 일어날 거라고 생각해요. 이제 저는 그 길로 들어섰으니까요.

캐리에게 은혜와 자유를 누리는 새로운 길이 시작되었다. 널리 알려진 성경 이야기(요 20:1-16)에 나오는 마리아처럼, 캐리는 그녀의 주인이자 "랍오니"를 발견했다. 새로운 관계를 시작한 것이다.

그리스도인이 된 초기에 하나님에 대한 왜곡된 개념의 문제에 부딪혔던 아우구스티누스의 기도로 이 장을 끝내는 것이 좋을 것이다.

> 당신에게 도움을 청해야 하나요? 아니면 당신을 찬양해야 할까요? 당신을 부르기 전에 먼저 당신을 아는 것이 중요한가요? 당신이 누구인지 알지 못한다면 내가 어떻게 부를 수 있나요? 내가 무지해서 다른 예배할 대상을 부르고 있을지도 몰라요. 그러면 당신을 알기 위해서 당신을 부를까요? 마음을 정했어요. 내 생애에서 당신의 도움을 구함으로 당신을 찾게 해주세요.[7]

성적인 상처의 기억 치유

유명한 사회학자인 밴스 패커드는 오늘날의 도덕적 분위기를 "성적 광야"(sexual wilderness)라고 묘사했다. 어떤 사람이 왜 "성적 혁명"(sexual revolution)이라는 용어를 쓰지 않았는지 물었을 때, 그는 이렇게 대답했다. "혁명은 적어도 사람들이 어떤 목적으로 어디로 가는지 알고 있는 데 반해 오늘날 우리는 길을 잃고 광야에서 방황하며 갈 바를 알지 못하기 때문입니다." 모든 목회자와 그리스도인 상담자는 그의 정확한 표현에 동의할 것이다.

1983년 3월, 존경받는 정신과 의사 출신의 노장 정치가 칼 메닝거는 미국에서 근친상간이 상점 도둑만큼 빈번해지고 있다고 말했다. 미혼모, 강간, 근친상간뿐 아니라 어린아이나 청소년의 성폭행 통계도 급격히 늘고 있다. 여기에 동성애 급증도 빼놓을 수 없다. 동성애는 도덕을 붕괴시키고 가정을 파괴한다. 상처 받은 젊은이들이 남성다움이나 여성다움에 적합한 부모의 본을 배우지 못했기 때문에 자신의 성정체성을 혼동하며 동성애 관계로 쉽게 빠져들고 있다.

이러한 이유들로 성적 상처의 괴로운 기억을 치료하려고 상담자를 찾아오는 사람이 계속 늘고 있다. 우리는 성이 문란한 사회에 살고 있다. 기억 치유 사역을 하는 사람들은 이런 괴로운 기억의 고통과 오점을 다루기 위해 충분히 준비해야 한다. 이것은 쉬운 사역이 아니다. 손을 더럽히지 않고는 시궁창에 빠진 사람을 끌어올릴 수 없는 것처럼 강단이라는 단단한 방탄판을 앞세운 채 멀리서 그들을 도울 수는 없다.

몇 년 전 이 사역을 처음 시작했을 때 어느 현명한 노(老) 상담자가 내게 말했다. "당신의 상담실에는 늘 두 가지 문제가 있을 것입니다. 바로 '하나님'과 '성'(性)입니다. 당신이 아무리 노력해도 오랫동안 그 둘을 막을 수는 없을 것입니다." 나는 곧 그의 말이 옳다는 것을 경험했다. 더 중요한 것은 사람들이 하나님과 성을 함께 해결하지 않고는 어느 쪽과도 결코 화평을 누릴 수 없다는 것이었는데, 오히려 이것을 발견하는 데 더 오래 걸렸다. 대부분 이렇게 되려면 과거에 받은 상처를 치료받고 왜곡된 현재 태도를 다시 배우려는 결단이 필요하다.

꼬치꼬치 캐묻지 말고 살피고 기도하라

영혼의 어두운 저장소에 있는 비밀 가운데 성적인 비밀만큼 조심스럽게 지켜지고 깊이 파묻힌 것은 없다. 사람들이 "이 일은 선생님께 처음 나누는 거예요"라고 말할 때면 나는 늘 크게 놀란다. 그들이 어떻게 멀쩡한 정신으로 살아왔는지, 또 어떻게 그 일을 털어놓을 엄청난 용기를 갖게 되었는지 놀라울 뿐이다. 이 지점에서 바로 상담자는 창의적인 경청 기술을 개발해야 한다. 경험이 많은 상담자는 직감적으로 내담자가 성적으로 괴로운 무언가를 나누어야 한다는 것을 느낀다. 그러나 부드럽고 조심스럽게 제안하고 격려하면서, 꼬치꼬치 캐묻지 말아야 한다. 그들이 무엇을 말하려는지 알더라도 우리가 아는 것을 먼저 말하지 말라. 그들에게 나누어도 된다는 것을 안심시켜 주되, 그들이 나누든 그러지 않든 용납받을 것이라고 확신시켜야 한다. 직접적인 말보다는 마음 씀씀이로 보여 주어야 한다. 사람들은 우리의 태도를 통해 느낄 수 있다. 멀리서도 비판적인 태도를 탐지할 수 있다.

어떻게 하면 그들이 마음을 터놓고 다가올 수 있을까? 나는 내담자에게 잘 아는 가까운 목회자나 그리스도인 사역자에게 왜 털어놓지 못했는지 자주 물어본다. 돌아오는 대답은 대부분 늘 같았다. "그냥 그럴 수 없었어요. 그들은 이해하지 못할 거예요." "제 이야기를 들으면 아마 놀랄 거예요. 그리고 무슨 이야기를 해줄지 난 알아요." 나는 내담자가 털어놓아야 하거나 털어놓길 원한다는 확신이 들 때, 그들에게 상담을 하러 오게 한다. 그렇게 해도 그들은 한 시간 동안 빙빙 돌다가 결국 이야기하지 못한다.

지켜보고 기도하라. 기다리고 기도하라. 듣고 기도하라. 살펴보고 기도하라. 그러나 강요하거나 꼬치꼬치 캐묻지 말라. 그들이 스스로 털어놓으려고 결정하는 것이 중요하다. 이렇게 해야 치유 과정이 시작된다. 함께 있을 때 일단 무언가를 이야기하기 시작하면, 그들은 그것을 다시 부인할 수 없게 된다. 이때 내담자들은 상담자에게 가장 면밀하게 공감받을 만한 중요한 것을 이야기한다.

모순된 감정의 갈등

성적인 기억이 고통스러운 이유는 많다. 첫째, 성적 관심은 우리 존재의 바로 중심이기 때문이다. 우리의 남성 됨과 여성 됨은 우리가 누구이며 자신을 어떻게 보는지에 깊숙이 감춰져 있다. 성적인 부분의 상처는 우리의 자존감에 깊은 영향을 준다.

둘째, 성은 매우 큰 힘을 발휘하는 감정이기 때문이다. 사춘기가 시작되기 전 수년 동안 성장하고 발달하도록 하나님이 계획하신 만큼 그 힘은 매우 강하다. 이렇게 해서 우리의 몸과 감정은 이 강력한 느낌을 다룰 수 있을 만큼 성숙해진다. 아동 성학대가 끔찍한 것은 어린 나이에 무서움에 떨면서 그런 과용량의 감정들을 깨우치기 때문이다. 그것은 마치 가는 전선으로 고압의 전기용품을 작동시킬 때 일어나는 현상과 같다. 전선이 과열되어 타버리는 것이다. 마찬가지로 성적 학대는 성적으로 심각하게 손상시킬 수 있는 정서적 전기 사고를 일으킨다.

그러나 무엇보다 이 기억들이 고통스러운 중요한 이유는 성적 감정이 인간이 경험할 수 있는 가장 모순된 감정일 수 있어서다. 우리는 내담자가 성적 상처 때문에 겪는 혼돈과 소용돌이를 이해하도록 도와야 한다. 그들은 자신이 겪은 일 때문에 성을 갈망하면서도 두려워하고, 즐기면서도 고통스러워하며, 환희와 공포를 동시에 느끼는 등 상반된 감정 속에서 성을 경험할 수 있다. 같은 감정 속에서 절실하게 갈망하면서도 가책을 느끼는 모순이 뒤섞여 있는 것을 발견할 수 있다. 치유받지 못한 성적 상처는 결혼 생활에도 영향을 끼쳐서 흔히 성을 원하지만 동시에 증오하는 심각한 내적 갈등을 일으킨다.

코니와 팀이 결혼 상담을 받으러 왔을 때 나는 그 부부에게 깊은 인상을 받았다. 그들은 독실하고 지적인 기독교인이며, 자신들의 일에도 만족했다. 게다가 많은 취미와 활동을 함께하고 있었다. 단 한 가지, 성관계만이 즐겁지 않았다. 정확히 말하자면 사실상 그들은 성관계를 가졌다. 그러나 팀의 표현을 빌리자면 성관계 이후 코니의 "이상한 반응"이 그들을 힘들게 했다. 코니는 성관계를 즐길수록 후에 팀에게 더 화를 냈던 것이다. 코니도 이 사실을 인정했다. "저도 이해를 못 하겠어요. 때로는 난폭해지기도 해요. 팀을 정말 사랑한다고 느끼고 나서 얼마 안 있어 팀을 치려고 덤빈 적도 있거든요."

코니는 결혼과 성을 다룬 좋은 기독교 서적은 모두 찾아 읽었다. 성이 하나님에게서 온 선물이라는 것을 알고, 그것에 반대하지도 않았다. 코니와 따로 몇 번 만난 후에야 우리 둘 다 코니의 이상한 반응을 이해하기 시작했다. 그녀는 이 이야기를 누구에게도 털어놓지 않았다. 특히 팀에게는 말이다.

코니가 여덟 살쯤 되었을 때 십 대 오빠와 성 놀이를 하기 시작했다. 그들은 맨 마지막만 제외한 모든 것을 했다. 이 놀이는 몇 년 동안 하다 말다 계속되었다.

"처음에는 무서웠어요. 그것이 무엇인지 제대로 알지도 못했고 죄의식을 느꼈어요. 오빠는 뇌물을 주기도 하고 협박도 하면서 제 입을 막았죠. 어머니는 심각한 심장병을 앓고 계셨는데, 어머니가 이 사실을 알게 되면 치명적인 심장 발작을 일으킬 거고 그러면 바로 제가 어머니를 죽이게 되는 거라며 협박했어요. 그래서 말할 수 없었어요. 나중에는 그냥 받아들였고요. 그러고는……"
코니가 잠시 말을 잇지 못했다. 나는 기다렸다.

"그러고는……" 또다시 입을 열지 못하더니 부끄러운지 고개를 숙이고 휴지를 더 가져갔다. 감정을 억누르려고 애썼지만 흐느낌과 분노를 어찌할 수 없었다. 그녀는 일어나서 신경질적으로 왔다 갔다 했다. "생각만 해도 소름 끼쳐요!" 그녀는 울부짖었다. "끔찍해요. 제가 그럴 수 있었다는 게 믿기지 않아요. 구역질이 나요." 나는 아주 부드럽게 질문했다. "뭐가요, 코니?" 무슨 말을 할지 거의 분명했지만 코니 자신이 그것을 말해야 한다는 것도 확실했다. 나는 조용히 기도하면서 기다렸다.

마침내 그녀가 채찍에 맞은 사람처럼 쉿소리 나는 고통스런 목소리로 말을 꺼냈다. "내가 그것을 즐기기 시작했어요." 신음하듯 말했다. "나는 도대체 어떤 사람인 거죠? 오빠와 그런 짓을 저지르다니! 그것 때문에 오빠를 증오하면서도 여전히 그렇게 해주기를 원했어요."

진짜 문제는 무엇인가? 왜 코니는 이상하고 모순되게 행동했는가? 그녀가 가장 깊이 치유받아야 할 곳은 어디인가? 물론 오빠를 용서하고 증오심을 버려야 했다. 그러나 진짜 문제는 그 일과 오빠를 증오하면서도 그 일을 즐긴 자신을 용서하는 것이다.

상담을 마치기 전, 치유되어야 할 일련의 개념(감정)을 발견했다. 본질적으로 모순된 그 감정들은 코니의 내면에 깊은 갈등을 낳았고 결국 그녀를 사랑과 증오가 뒤섞인 이상한 성생활로 몰고 갔다. 그녀는 성이 하나님이 주신 좋은 선물이라는 것을 알고 있었다. 그러면서도 그것을 주신 하나님께 화를 냈다. '하나님은 다른 방법을 생각해 내실 수 없었나?' 그녀는 남자를 좋아했고 매력을 느꼈다. 그러나 남자가 없어도 좋을 만큼 "강하지" 못한 자신에게 분노를 느꼈다.

가장 힘들었던 것은 코니가 남편을 사랑하며 그와 사랑을 나누는 애정과 기쁨이 필요하다는 것이다. 그러나 그녀는 남편을 필요로 하는 자신에게 분노했고 기쁨을 느낄 때마다 더 화를 냈다. 혼란스럽게 들리는가? 물론 그럴 것이다. 마침내 이 모든 것을 이해하고 나서야 코니는 용서하고 용서받을 수 있었다. 오빠가 죄인임을 용서하고, 자신이 인간임을 용서하며, 성을 선물로 주신 하나님께 감사했다. 그리고 코니와 팀은 다시 충만한 결혼 생활을 누릴 수 있게 되었다.

치유되어야 할 진짜 상처에 집중하라

성적인 상처를 다룰 때 사람들은 흔히 옆길로 빠지기 쉽다. 물론 실제 성적 부분이 중요하다. 괴로운 감정과 상세한 사건을 기억하고 나누는 것은 반드시 필요하다. 그러나 많은 경우, 마음속에 있는 응어리들을 털어 내는 것 자체로는 충분한 치유나 영구적인 행동 변화를 가져오지 못할 것이다. 코니처럼 흔히 훨씬 깊은 곳에서 더 깊이 치유받아야 하는 경우도 있고, 그것이 직접적으로 성적인 부분은 아닐 수도 있다. 상담자와 내담자는 이러한 상처들이 얽혀 있다는 사실을 명심하고 치유 과정에서 모두 다루어야 한다. 다음 세 가지 사건은 이 사실을 분명하게 보여 준다.

❖ **아무도 믿지 않았다**_ 수잔이 상담받으려는 문제는 한두 가지가 아니었다. 그녀에 관한 문제도 있고, 남편과의 관계에 관한 문제도 있었다. 우리는 하나님과 은혜에 대해 왜곡된 개념을 포함하여 많은 것을 논의했다. 내가 전에 경고받은 대로 마지막에는 성에 대한 문제가 대두되었다. 남편과 성관계를 할 때 그녀의 반응에는 문제가 있었다. 과거로부터 보이지 않는 덧문이 내려오면서 자연스러운 성적 느낌의 흐름을 막아버렸다. 그러나 일부 사람들

이 경험하는 것만큼 심각할 정도는 아니었다.

수잔에게는 11-12세쯤에 겪은 특정 사건을 중심으로 많은 상처가 있었다. 가장 친한 친구 집에서 놀고 자고 오기로 한 날이었다. 새벽 두 시경에 흠칫 놀라 잠에서 깼는데 당시 사춘기 후반인 친구의 큰오빠가 그녀의 침대에 기어 올라와 그녀를 더듬고 있었던 것이다. 놀란 수잔은 그를 밀어내고 소리를 쳤다. 곧 온 집안에 불이 켜지고 사람들이 몰려 왔다. 물론 큰오빠는 자기 방으로 달아나 이불을 뒤집어쓰고 잠든 척하고 있었다. 친구와 부모는 수잔을 진정시키려고 애썼지만 그녀는 신경질적으로 소리치며 이야기했다. 결국에는 수잔의 부모에게 수잔이 악몽을 꾸었는데 진정이 안 되니 와서 집으로 데리고 가는 것이 좋겠다고 연락했다. 수잔은 부모님과 함께 집으로 갔다.

이런 사건은 자주 일어나며, 특히 당시 수잔과 비슷한 또래의 예민한 소녀에게는 매우 끔찍할 수 있다. 이 사건은 생각보다 명백해서 쉽게 치유될 수 있을 것 같았다. 그러나 우리가 그 일을 두고 기도하기 시작할 때 진짜 문제가 나타났다. 수잔에게 그렇게 심한 고통을 안겨 준 진짜 상처는 무엇일까? 수잔의 진짜 상처는 친구의 오빠에게 받은 충격이 아니었다. 바로 아무도, 심지어 어머니와 아버지조차도 그녀를 믿지 않았다는 사실이었다.

수잔의 부모도 그 일을 악몽으로 받아들였다. 그들의 말은 불꽃처럼 끊임없이 그녀를 괴롭혔다. "어쨌든 그 사람들은 훌륭하고 그 오빠도 좋은 아이이지 않니? 그 아이가 그런 짓을 할 리 없다는 건 너도 잘 알거고. 그러니까 너는 무서운 꿈을 꾼 거야. 우리 모두 가끔 그럴 때가 있단다. 꿈이 너무 생생해서 진짜 일어난 일로 착각하는 거야."

부모가 자기 말을 믿지 않는 것만큼 아이들에게 굴욕적인 일은 없다. 견디기에는 몹시 큰 상처다. 나는 간절하게 진실을 이야기하는데도, 사람들은 거짓말하고 있다며 나를 정죄한다. 내가 가장 진실하게 대하고 싶은 그 사람들이 말이다. 수잔은 이 일로 상당히 기가 죽고 분노를 느꼈다. 좋지 않은 반응들이 잇달아 일어났으며, 특히 어머니에게 그랬다. 수잔의 분노로 그녀는 까다로운 완벽주의자가 되었다. 불의, 성적인 상처, 분노, 비판적인 완벽주의자로 성장했기 때문에 수잔은 내적 치유와 함께 영적 치료를 해야 했다.

성령께서 수잔을 치유하셨고 또 계속 치유하심을 감사한다. 오래지 않아 수잔에게 편지를 받았다.

> 선생님의 사무실을 여러 번 방문한 지 벌써 10년이 되었네요. 그후에 겪은 기쁨과 슬픔, 성장을 위한 고통과 승리를 선생님과 나누고 싶을 때가 많았어요. 이 편지 하나로 제 모든 변화를 다 말하긴 힘들 것 같아요. 몇 번이나 시간을 뒤로 돌려 다시 시작하고 싶지는 않았어요. 다시 말하면, 치유를 시작하고 싶지 않았어요. (아마 기억 못하시겠지만) 저는 늘 갈등하는 사람이었는데, 제 완벽주의의 긍정적인 면이 승리했답니다.

가장 좋았던 것은 요 몇 년 동안 저와 비슷한 일을 당한 사람들을 위해 하나님이 저를 많이 사용하신 거예요. 우리는 어디서나, 심지어는 다른 나라에서도 같은 필요를 많이 보아왔으니까요. 내년에는 노인 문제를 중심으로 대학원에서 상담학 학위를 받으려고요. 언젠가 제 사무실에서 선생님을 뵐지도 모르겠습니다. 하하! 혹시 이곳으로 여행을 오시면 언제든 우리 집에 들러 주세요. 우리의 소중한 아이 데이비드가 많이 컸답니다.

그리스도 안에서 수잔

❖ **억누른 사랑_** 래리는 20대 목회자다. 독신이면서도 그는 내게 누누이 여자에 관심이 없다고 말했었다. 실제로 그는 바닷가 근처에 살았지만 여성에게 성적인 느낌을 가진 적이 전혀 없다고 했다. 그 대신 힘센 남성에게 매력을 느꼈으나 그런 느낌을 강하게 억눌렀고, 열다섯 살 즈음 그리스도인이 된 후로는 특히 그랬다.

그는 젊은 여성과 데이트하려고 노력했다. 그들 가운데 그를 사랑한 여성이 두 명 있었는데, 그들이 먼저 껴안고 키스하는 등 평범한 연애를 하려 했다. 그러나 래리는 이런 가까운 관계가 매우 불편한 나머지 더 이상 그들을 만나지 않았다. 그후 그는 데이트를 하지 않았다. 여성들의 요구를 맞출 수 없다는 것이 매우 두려웠기 때문이다.

도움을 구하기 위해 나를 찾아온 것은 목회를 하다가 생긴 한 사건 때문이었다. 그는 자신을 아버지처럼 친구처럼 여기는 한 외로운 사춘기 소년과 많은 시간을 함께 보내고 있었다. 때때로 그 소년은 목사관에서 밤을 지새웠다. 어느 순간부터 소년을 향해 강한 동성애 감정을 느끼는 것에 놀란 그가 사역을 망치는 짓을 하기 전에 도움을 청한 것이다.

동성애 원인이 무엇인지는 누구도 정확하게 말할 수 없다. 여러 가지가 복합적으로 얽혀서 습득된 행위의 형태로 보인다. 그러나 우리는 흔히 수동적이고 소극적인 아버지와 소유욕이 강하고 주도적인 어머니를 둔 래리의 가정과 같은 곳에서 좀 더 공통적인 요소를 발견할 수 있다. 래리의 아버지는 운동을 잘하는 아들을 대놓고 편애했고, 지적이고 영적인 관심이 많은 래리는 적대시했다. 반면 그의 어머니는 지나치게 보호하려 들고 인정이 많았다.

대학 4학년인 아들에게 자신의 무릎에 앉으라고 하거나 아침 일찍 그의 침대로 들어와 껴안는다거나 자동차를 타면 그에게 너무 붙어 앉는 등 질식할 것 같은 어머니의 사랑을 이야기하면서 래리는 당혹스러워했다. 어머니는 행여 그가 잘못할까 봐 스스로 결정하게 두지도 않았다. 래리가 사람들 앞에서 실수했을 때는 어머니가 울면서 그를 야단쳤다. 그가 "그녀의 감정을 상하게" 했기 때문이다. 래리가 어머니와 관련된 일을 얼마나 여러 번 혐오스럽게 말했는지를 주목하지 않을 수 없었다. "이상해요. 엄마이기보다는 여자친구처럼 저를 대했어요. 늘 제가 얼마나 잘생기고 아름다운 눈을 가졌는지 말했고요. 차를 타거나 길을 걸을 때 엄마가 제 손을 잡는 방법도 정말 창피했어요."

래리가 어머니에게 얼마나 분노하는지를 그에게 깨우쳐 주기는 어려웠다. 그녀는 정말 많은 해를 끼쳤지만 그는 훌륭한 그리스도인이어서 분노를 느끼면 안 된다고 생각했기 때문이다.

그런데 재미있는 사건이 일어났다. 래리가 친구 결혼식에 참석했는데 예식이 진행되는 동안 이상하고도 압도적인 느낌을 경험한 것이다. 그 다음 주에 그는 그 경험을 이렇게 묘사했다. "그 한 쌍이 결혼을 서약하는 모습을 지켜보면서 저는 결코 결혼할 수 없다는 것을 갑자기 깨달았어요. 저는 여자에게 절대로 그런 서약을 할 수 없어요." 이유를 묻자 래리는 놀라운 대답을 했다. "어머니가 지켜보는 자리에서는 다른 여자와 결코 결혼할 수 없기 때문이죠."

나는 내 귀를 의심했다. 그때 나는 래리가 무엇을 말하는지 모르고 있다는 것을 알아차렸다. 매우 주저하면서 나는 부드럽게 질문했다. "래리, 잘 이해가 안 되는데요. 지금 한 말을 나에게 다시 이야기해 볼래요?"

그는 다시 대답했다. "나는 결코 다른 여자와 결혼할 수 없어요." 나는 기다렸다. 여전히 그는 알아차리지 못했다. 나는 녹음한 것을 다시 듣는 방식을 시도하기로 했다. 그래서 말했다. "래리, 당신이 하는 말을 정확히 듣고 싶어요. 천천히 한 번 더, 방금 한 말 그대로 되풀이해 볼래요?" 그는 천천히 한 단어씩 다시 말했다. "나는…… 결코…… 다른…… 여자와……" 그는 말을 하다가 멈추었다. 오랜 침묵이 흐른 뒤 래리의 얼굴이 빨개지기 시작했다. 마치 투명한 유리잔에 토마토 주스가 채워지는 것 같았다. 목이 빨개지기 시작하더니 얼굴과 이마까지 빨개졌다. 그리고 곧 분노로 가득해서 폭발할 것 같았다. 그가 더 이상 말하지 못했기 때문에 꽤 오랫동안 그저 침묵 가운데 앉아 있었다. 우리는 며칠 후에 다시 만나기로 했다. 대신 그에게 한 가지 간단한 과제를 내주었다. "어머니에 대한 분노를 모두 느껴보세요. 그리고 느껴지는 것들을 그대로 적어 보세요."

다시 만났을 때 래리는 사흘 동안 분노로 가득 찬 일을 이야기했다. 그가 모든 것을 기억하면서 전체적인 그림이 명확해졌다. 일생 동안 래리의 어머니는 그를 완전히 소유하고 자신이 원하는 것을 얻기 위해 지나친 접촉과 사랑, 보호, 애정을 사용했다. 그는 몹시 화가 났지만 자신이 발견한 사실에 매우 흥분해서 말을 잇지 못했다. "제게 일어나고 있는 일을 잘 설명하기가 어렵네요. 그러나 이제는 어머니를 용서하고 놓아드릴 수 있어요. 저도 남자가 되고 그것에 더 이상 죄의식을 느끼지 않을 수 있고요. 이제 독립적으로 생활할 수 있습니다. 처음으로 나 자신이 여자와 결혼하는 것과, 심지어 그녀와의 성적인 관계도 상상할 수 있게 되었어요."

그러고 나서 얼마 후 그는 전에 별로 눈에 띄지 않던 한 여자를 만나 식당에서 함께 이야기를 나누었다. 그의 얼굴은 빛나고 있었다. "그녀와 이야기하는 시간은 즐거웠어요. 아름다운 그녀를 보며 저도 흥분이 되었고요. 이전에는 여자가 저를 교묘하게 다루고 조종한다고 생각해서 분개했는데, 이제는 자유롭게 사랑하고 즐기고 있어요."

나는 신이 나서 물었다. "래리, 그녀에게 데이트를 신청해 볼 생각이에요?"

그러나 래리가 나보다 앞서 있었다. 그는 웃으면서 이렇게 말했다. "박사님, 이미 신청했어요. 내일 밤에 만나기로 했답니다."

상처와 증오를 씻어 내는 기도 시간이 몇 번 있었다. 적응하는 시간이 필요했지만 변화가 엄청났기 때문에 나머지는 쉽게 이루어졌다. 2년 안에 래리는 훌륭한 여인을 만나 결혼했다. 그들은 함께 열매 맺는 사역으로 주님을 섬기고 있다. 가끔 래리가 보내오는 편지에는 그가 온전히 치유되어 얼마나 행복한 결혼 생활을 누리고 있는지가 적혀 있다.

동성애로 힘들어하는 사람들과의 상담이 모두 그렇게 극적이고 간단하면 좋겠지만, 늘 그렇지는 않다. 어떤 것은 내가 다룬 상담 중 가장 어려웠다. 이들은 상담과 치유, 기독교 협력 단체의 도움을 받고서야 변화되었다.

이 장의 주요 요점을 한 번 더 강조하기 위해 래리의 이야기를 나누었다. 성에 관계된 일을 다룰 때는 치유가 필요한 실제 문제를 확실하게 찾아내라. 흔히 성적인 상처는 다른 일로 생겨난 상처와 함께 뒤얽혀 나타나기도 한다. 그러한 기억이 밝혀지고 적절히 다루어질 때까지는 지속적으로 치유되고 변화될 수 없다. 실제로는 흔히 둘 사이의 연합과 관계가 문제인 경우도 있다. 이것을 발견하려면 성령의 분별력에 예민해져야 한다.

❖ **사랑의 배반**_ 브렌다는 가족에게 입은 여러 깊은 상처를 상담하는 데 나와 많은 시간을 보냈다. 그 상처에는 그녀를 몹시 때려서 병원까지 가게 만든 어머니부터 1학년인 딸을 겁탈하려고 한 아버지도 있었다. 준비 과정을 끝낸 우리는 괴롭히는 기억들을 치유하기 위해 긴 기도의 시간을 시작했다. 그녀는 여태까지 자신이 겪은 육체적 고통을 상당히 자세하게 묘사했다.

아주 어릴 때부터 당해 온 성적 폭행을 특히 고통스러워했다. 그녀는 그 일에 대해 많은 이야기를 했고, 그것이 문제의 핵심인 것 같았다. 그러나 기도하는 동안 울먹이던 그녀의 목소리는 거의 소리를 지르다시피 점점 커져갔다. "오, 엄마 아빠, 어떻게 저한테 그러실 수 있었어요? 저는 당신들을 아주 많이 사랑했어요. 지금도 그렇고요!"

가장 깊은 고통은 육체적인 것이 아니었다. 바로 그녀가 사랑하는 사람에게 배반당한 아픔이었다. 많은 성적인 상처에서 사랑과 신뢰를 저버린 배신이 중요한 문제를 차지한다.

밴지는 결혼 생활에서 겪는 여러 가지 성적 부적응 때문에 도움을 구하러 온 젊은 엄마였다. 먼저 신앙이 없는 정신과 의사에게 찾아갔는데, 이야기를 다 듣고 난 의사는 그녀가 소녀 시절에 성적으로 폭행당했다고 확신했다. 그러나 밴지는 기억이 나지 않는다며 부인했다. 그 정신과 의사는 때로 우리의 기억은 견디기 고통스러운 일을 지워버리기도 한다고 설명해 주었다. 그러나 그 설명을 납득할 수 없었기 때문에 나를 찾아온 것이다. "그 말을 기독교 상담자에게 듣기 전에는 못 믿겠어요."

나는 물론 그것이 가능하다고 말하고, 관련 상담 기록들을 보여 주었다. 그녀의 이야기를 듣고 나서는 나도 그 의사의 판단에 동의했다. 솔직히 말하자면, 밴지는 자신이 받은 성적 피해를 상세하게 기억하지 못할 뿐 아니라 기억하지 않으려는 것 같았다.

밴지의 기억은 흥미로웠다. 두 가지 사건에서 그녀는 특정 부분까지만 기억했다. 두 사건 모두 그녀가 끔찍이 사랑한 아서 아저씨와 관련되어 있었다. 부모에게 거의 버림받다시피 한 그녀는 아서 아저씨만이 자신을 사랑해 주고 돌봐 준 유일한 사람이라고 느꼈다. 그들은 가까운 친구였으며, 함께한 좋은 일들을 모두 기억하고 있었다. 그러나 그녀의 기억에는 두 가지 어두운 구름이 있었다.

하나는 이층에 있던 그녀의 침실이었다. 그녀는 벽지나 가구 위치, 인형 등 침실을 자세하게 기억할 수 있었다. 그런데 어느 날 밤, 아서 아저씨가 침실로 들어왔다. 그리고……. 그녀는 이 부분을 이야기할 때마다 무섭게 동요하며 감정이 격앙되었고 더 이상 아무것도 기억하지 못했다. 또 다른 생생한 기억은 블랙베리를 딴 일이었다. 그들은 자주 함께 블랙베리를 땄다. 그녀는 블랙베리를 따던 장소, 숲, 바구니 가득 블랙베리를 담아 집으로 돌아오던 일 등을 자세히 이야기했다. 그러나 이야기를 계속하다가 얼굴이 어두워지고 몸을 떨며 혼란스러워했다. 바구니에 딸기를 담아 달려간 일까지 기억하다가 다시 기억이 희미해졌다.

이야기를 듣고 조심스럽게 질문하면서 나는 평소 거의 쓰지 않는 방법을 시도하기로 했다. 나는 그녀에게 모든 사건은 저마다 명백하게 끝이 있다고 말했다. 그리고 집에 가서 시간이 걸리겠지만 떠올리길 거부하는 기억을 억지로라도 떠올려 보라고 부탁했다. 그녀는 "사건의 남은 부분"을 이야기하기 위해 다음 날 다시 오라는 내 부탁을 거절하다가 결국 그러기로 했다. 밴지는 이러한 내적 혼란을 해결하지 못하면 온전한 정신으로 살지도 못하고 결혼 생활도 파경에 이르게 되리라는 것을 깨달았다고 말했다.

다음 날 아침, 밴지는 굉장히 심란한 모습으로 나를 찾아왔다. 두 사건의 끝과 시작을 알아내기 위해 억지로 기억해 내는 일은 몹시 힘들었다. 그러나 천천히, 아주 천천히 그녀는 아서 아저씨가 그녀를 성희롱한 일을 자세히 묘사했다. 기도하는 동안 그녀는 깊은 상처를 남긴 그 사건들을 말 그대로 재생했다. 그것은 무척 고통스러운 일이었다. 그러나 진짜 문제는 더 깊은 곳에 있었다. 주님이 우리를 그녀의 어린 시절로 이끄시자 그녀는 소녀의 목소리로 흐느끼며 이야기했다. "아서 아저씨, 저한테 왜 그랬어요? 저한테는 아저씨밖에 없었어요. 이 세상 누구보다 당신을 사랑하고 믿었다고요. 저는 그렇게 아저씨를 믿었는데 어떻게 그럴 수 있었어요?"

진짜 상처를 준 것은 사랑과 신뢰에 대한 배반이었다. 밴지는 자기 삶의 중요한 어른에게 온갖 실망과 배신을 겪었지만, 마침내 누군가를 사랑하고 신뢰하는 법을 배웠다. 그런데 그 역시 그녀를 배신한 것이다. 그렇기 때문에 그녀의 마음은 그 일을 이야기하길 거부했다. 그녀는 자신이 그토록 사랑한 사람이 자신에게 행한 일을 믿고 싶지 않았던 것이다. 성적 폭력은 분명 깊은 상처다. 그러나 그녀의 진짜 싸움은 이 배신을 용서하고, 하나님이 그녀 안에 신뢰를 회복하게 하시며, 남편의 관계를 통해 아서 아저씨(그리고 모든 남자)에게 보복하려는 마음을 멈추게 하시도록 허용하는 것이다. 우리는 오랫동안 기도했고, 하나님은 아주 확실하고도 아름다운 방법으로 응답해 주셨다. 내가 받은 이 편지를 보면 분명하게 알 수 있다.

> 제가 치유되도록 도와주셔서 감사합니다. 몇 달 동안 겪어 온 갈등이 대단원의 막을 내렸습니다. 하나님이 저에게 하신 약속을 지키기 위해 저를 돕는 하나님의 도구로 목사님을 쓰셨다고 생각합니다. 저는 지금 자유를 만끽하고 있습니다. 아직 남편과 저는 배워야 할 것이 많지만, 제가 갇혀 있던 감옥에서 벗어나 신선한 공기를 호흡할 수 있는 것이 정말 좋습니다. 자유가 제 영혼에 준 기쁨이지요. 남편은 몹시 충격을 받았지만 괜찮아질 겁니다!
> 제가 얻은 자유가 그에게 무슨 의미인지 아직 알아채지 못한 것 같아요. 토요일 밤, 우리는 부부로서 매우 특별한 시간을 가졌습니다. 그리고 다음 날 남편은 교회학교에서 개인 간증을 했습니다. 그 자리에 저는 없었는데 다른 사람이 전해 준 이야기로는 남편이

제게 일어난 일(제 과거는 아닙니다)을 많이 나누고 사람들 앞에서 결국 감격해서 울었답니다. 저는 남편이 우는 모습을 한 번도 본 적이 없거든요. 아직 제게 이야기하지 않았지만 곧 하겠지요. 이 모든 것을 통해 하나님이 그의 삶에 무엇을 하실지 궁금합니다. 저와 남편의 삶에 역사하신 하나님을 찬양합니다. 그리고 목사님의 삶을 통한 역사하심도요.

목사님을 위해 기도하며
하나님의 사랑 안에서 밴지

나는 여러 사건을 함께 나누면서 이 장의 핵심을 소개하고자 했다. 즉 성적 상처보다 더 깊은 문제가 있는지 찾아봐야 한다는 것이다. 내담자의 마음 상태와, 우리를 모든 진리로 인도하시는 성령에 민감하면서 기도함으로 이 일을 해야 한다.

3장에서 자백과 신체 건강의 관계에 관한 제임스 페네베이커 박사의 연구를 소개했다. 이 실험에 대한 수정 자료도 발표되었는데, 우리가 다루는 주제와 매우 깊은 관련이 있다. 1985년 1월 19일 〈렉싱턴 헤럴드 리더〉지에 실린 기사다.

> 페네베이커 박사는 17세 이전에 성적으로 깊은 상처를 입은 사람들은 특히 감정을 억제하는 성향이 있다고 주장했다. 그들은 감정을 털어놓으면 벌을 받을지도 모른다고 생각한다는 것이다. 그 결과, 그들은 상상할 수 있는 온갖 질병, 예를 들면 감기, 독감, 요통, 신

장질환, 암 등에 더 쉽게 걸린다.

성적으로 상처 입은 희생자의 몸과 마음, 영혼이 온전해지도록 돕는 지혜와 기술, 영적 자원을 개발하는 일은 얼마나 중요한가!

3부

기억의 치유를 적용하다

8장

치유되어야 할 기억

어떤 작가가 이런 말을 했다. "기억은 겨울에도 장미를 딸 수 있는 힘이다." 이것은 당연히 행복한 기억의 좋은 면을 두고 한 말이다. 잠언 10장 7절은 이것에 대해 "의인을 기념할 때에는 칭찬하거니와"라고 말한다. 바울은 빌립보 교인에게 보내는 편지에 "내가 너희를 생각할 때마다 나의 하나님께 감사하며"(빌 1:3)라고 썼다. 이런 행복한 기억들은 바울에게 진정으로 "겨울의 장미"였다. 바울이 로마에서 죄수로 지내며 편지를 쓸 당시, 이 기억들은 차갑고 황량한 환경에 활력과 따뜻함을 가져다주었다.

언젠가 켄터키 주의 한 병원에서 정서 장애를 지닌 사람들을 위해 예배를 인도한 적이 있다. 병원 원목의 말에 따르면, 환자들은 대부분 동부 산악지대 주민으로 가난, 실직, 알코올의존증, 아동 학대 등 가정의 비극을 경험한 사람들이었다. 나는 그들에게 하나님의 은혜로 많은 상처를 치유받을 수 있다고 설교했다. 예배를 마치면서 원목이 그들에게 좋아하는 찬송가를 부르자고 했다.

나는 몇몇 사람이 선택한 곡을 듣고 깜짝 놀랐다. 유명한 애팔래치아 복음성가인 "언제까지나 남아 있는 소중한 기억들"을 고른 것이다. 고통스런 정신적 아픔 속에서도 그들은 과거의 장미들을 기억하고자 안간힘을 쓰고 있었다. 그러나 그들이 고른 곡은 현재 그들의 몸과 마음이 기억 속에 남아 있는 어려움을 극복하거나 화해하는 것을 거부한다는 것을 보여 준 좋은 본보기였다.

시간이 지나면 정말 모든 상처가 아물까

우리는 이제 치유에 대한 잘못된 생각 하나를 자세히 살펴보고자 한다. 바로 "시간이 모든 상처를 아물게 해준다"는 생각이다. 여기서 잘못된 것은 "모든"이라는 단어다. 물론 시간이 지나면 해결되는 상처도 있다. 고통을 느낄 때 의식적으로 참아 낼 수 있다면, 시간이 지나면서 고통스러운 기억은 점차 희미해질 것이다. 그리고 충분한 시간이 지나면 그 고통을 경험한 기억만 남을 것이다. 아팠던 기억은 있지만 견딜 만할 것이다. 마치 감염 없이 성공적으로 끝낸 수술과 같다. 물론 아무는 동안 아프긴 했지만 시간이 지나고 나면 수술 자국만이 우리가 느낀 고통을 상기시켜 줄 것이다. 그렇다. 억눌리지 않고 감염되지 않은 기억은 모두 시간이 지나면 치유될 수 있다.

 그러나 견딜 수 없을 만큼 아픈 기억들은 시간만으로는 치유되지도, 치유할 수도 없다. 그러한 경험은 10년, 20년이 지난 후에도

10분, 20분 전에 겪은 고통처럼 생생하게 남아 있다는 것을 여러 사례에서 볼 수 있었다. 우리는 맞서서 견디지 못하는 고통은 부인하려 든다. 다음 예를 통해 하나님이 주신 가장 귀한 선물 중 우리 마음에 장착된 방어기제가 얼마나 훌륭한지를 살펴보자.

심한 교통사고를 당한 사람은 충돌하는 순간을 기억하지 못한다. 꼼짝달싹하지 못하고 마비되는 것 같은 마지막 고통의 순간은 기억하지 못하고, 바로 전 사건만 기억하기도 한다. "우리가 다리에 충돌할 거라는 걸 알았어요"라거나 "나는 트럭이 우리를 덮치는 걸 기억해요"라거나 "우리가 절벽에서 떨어지던 기억이 나요"라는 식이다. 그러나 실제로 다리를 들이받은 순간, 앞 유리를 들이받은 순간, 차 밖으로 던져진 순간은 기억하지 못한다. 이런 것을 기억하지 못하는 것에 대해 우리는 하나님께 감사해야 한다. 이런 끔찍한 장면을 평생 기억하고 살아야 한다고 상상해 보자. 아마 모두 미쳐버리고 말 것이다. 그래서 하나님이 긍휼을 베푸셔서 회로에 무리가 가면 저절로 끊기는 정신적, 감정적 퓨즈를 마련해 주신 것이다.

이 사례는 어떻게 왜 퓨즈가 끊어지는지 쉽게 이해할 수 있는 신체적, 감정적 요소를 포함하고 있다. 정신적 고통도 비슷한 결과를 가져온다. 몇 년 전 텔레비전에서 한국 전쟁에 참가한 퇴역 군인을 본 적이 있다. 나는 슬프고 혼란스러워하던 그의 얼굴을 결코 잊을 수가 없다. 그는 기억상실증에 걸려 있었다. 격렬한 전

투와 포로 생활을 거치면서 그가 누구인지 증명할 만한 것은 하나도 남아 있지 않았다. 방송에 나와서 "내가 누군지 알려 줄 사람 있나요?"라고 묻는 그를 보며 모두 가슴 아파했다. 다행히 그는 기억을 되찾았다. 이렇게 기억을 회복하는 경우도 많다.

억압된 기억들

오랫동안 잊힌 기억이 되살아나 중요한 단서를 제공해 줄 때가 있다. 이런 일 덕분에 종종 큰 범죄 사건이 풀리기도 한다. 다음은 1979년 12월 21일자 〈렉싱턴 헤럴드〉에 실린 기사다.

> "한 여성의 기억이 35년 전 아버지의 살인 사건에 대한 단서를 제공하다."

> 35년 전, 에드워드 레온 카메론이 실종된 사건이 있었다. 지난주, 경찰이 다시 이 수사에 착수하면서 카메론의 딸의 뇌리 속에 묻혀 있던 어린 시절 기억에서 이 괴이한 살인 사건의 결정적인 단서를 찾게 되었다.
> 수년간 이 여성(지금은 페리 부인이 되었다)은 몹시 끔찍해서 생각하기조차 두려운 기괴한 무언가가 기억 속에 억눌려 있다는 것을 전혀 인식하지 못했다. 그것이 드러난 것은 정신과 치료를 받으면서부터였다.

1944년 4월 8일, 여성이 열 번째 생일을 앞둔 며칠 전이었다. 지금 기억하기로 그날 밤 그녀는 우연히 집에서 부모님이 다투는 소리를 듣게 되었다.

그녀는 이렇게 말했다. "다음 날, 앞 침실 문을 열었는데 아버지가 죽은 것처럼 방바닥에 누워 있는 모습이 보였어요. 그리고 그 다음 주에 학교를 갔다 온 후 옥외 화장실에 갔을 때였어요. 구멍 아래를 내려다봤는데 배설물 밑으로 겨우 잠길까 말까 한 아버지의 얼굴이 보였어요."

그러나 이 사건은 어린아이와 그녀 어머니의 기억 속에 얼어붙은 채로 남아 있었다. 그녀의 어머니는 죽어도 이 무시무시한 사실을 잊을 수 없었다.

경찰에 따르면 페리 부인은 정신과 치료를 받으면서 이 이야기를 털어놓았다. 그러나 그녀는 담당자 말고는 누구와도 이 사건에 대해 의논하기를 꺼려했고, 자신의 정신적 문제에 대해서도 이야기하지 않겠다고 했다.

현재 플로리다 주 올랜도에 있는 발렌시아 지역 전문대학의 영어 선생인 페리 부인은 결국 FBI와 연락했다. 그리고 지난 크리스마스, 당국은 그녀의 동의를 얻어 어머니에게 전화로 문제를 추궁하는 대화 내용을 녹음하였다.

페리 부인은 "엄마, 나는 엄마가 아버지의 죽음에 관련이 있다고 생각해요"라고 말했다. 그러나 어머니 카메론 부인은 그것에 대해 이야기하기를 거부했다.

올해 12월 1일, 페리 부인은 어머니에게 다시 전화했다. "지난 크리스마스에 했던 이야기에 대해 다시 말하고 싶어요. 아직도 아버지의 시체가 그 화장실에 있나요?"

그녀의 어머니는 이렇게 대답했다. "크리스마스 이후에 말해 주마."

12월 12일, 결국 경찰은 땅을 파기 시작했다. 페리 부인과 여동생은 경찰들이 옥외 화장실이 있던 장소를 찾는 것을 도왔다.

오후 1시 20분, 경찰은 가장 먼저 갈비뼈를 찾아냈고, 오후에는 두개골과 약간의 다른 뼈들을 제외한 유골이 계속 쏟아져 나왔다.

그녀의 어머니는 그날 대부분을 집 안에서 보내다가 다음 날 아침 8시가 되어서야 떠났다. 그때가 수사관들이 살아 있는 그녀를 본 마지막이었다.

금요일 오후 늦게, 카메론의 아들은 69세의 어머니가 32구경 권총을 손에 꼭 쥔 채 농장 뒷마당에 세워진 그녀의 차 옆에 쓰러져 있는 것을 발견했다. 자동차 좌석에는 자백서가 놓여 있었다.

얼마 전, 듀크대학의 의과대학 정신과 세미나에서 이 사건을 언급했다. 그때 한 젊은 인턴이 자기가 그 사건이 일어난 도시에서 왔다면서 신문에 실린 내용이 사실임을 확인시켜 주었다.

이 사건은 우리가 처리할 수 없는 것들을 기억에서 차단해 버리는 기억의 신비를 설명해 준다. 그러나 슬픈 사실은 우리가 아픔을 무의식적으로 묻어 버릴지라도 그 결과로 계속 고통받는다는 것이다. 페리 부인의 경우처럼 대부분 그러한 기억들이 말 그대로 폭발하여 일상생활에 영향을 끼치기 시작할 때에야 비로소 어떤 조치를 취하지 않으면 안 된다는 것을 알게 된다.

많은 사람이 지워 버리고 싶은 아픈 기억들을 가지고 있다. 그러한 기억들은 감염된 상처처럼 단순히 시간이 흐른다고 치료될 수 있는 것이 아니다. 그 상처는 안으로 퍼지고 다른 곳을 감염시켜 상태를 악화시킨다. 고통스러운 경험도 마찬가지다. 특히 유아기나 청소년기 같은 중요한 시기에 겪은 경험이 그렇다. 아주 심각한 상황에서는 이런 고통스러운 경험을 자신과 아무 상관이 없는 것처럼 기억 속에 묻어 두고 단절하는 경우도 있다. 그래서 이런 기억들은 잘 생각나지 않게 되기도 한다. 누구도 이런 정신적, 감정적, 심리적 측면을 완벽하게 이해할 수 없다. 그러나 적어도 우리는 그 기억을 은밀한 장소에 간직하기 위해 많은 감정적, 정신적 에너지를 지속적으로 소모하게 된다는 것을 알고 있다.

그것은 마치 많은 풍선을 물속에 잡아 넣어 두려고 애쓰는 것과 같다. 얼마 동안은 버틸 수 있지만 결국은 힘이 다 빠져 아무리 필사적으로 노력해도 여기저기서 풍선이 튀어나온다. 이처럼 한 번 기억된 것들은 억압되어 있더라도 절대 잊히지 않는다. 즐거웠던 기억을 간직하는 것처럼 그러한 기억들도 쉽게 없어지지 않고 남아 있다. 나쁜 기억을 의식적으로 지우려고 노력할수록 더 또렷해지기 때문이다. 그리고 우리 마음에 들어오지 못하게 했기 때문에 그 기억들은 변장되고 파괴적인 형태로 우리 속(영, 육, 혼)에 잠재되어 있다. 이렇게 존재하지 않는 것처럼 묻어버린 문제들은 물 밑에 잠겨 있다가 나중에 질병이나 불행한 결혼 생활, 영적인 좌절 같은 형태로 다시 나타난다.

이 글을 쓰고 있을 때, 한 남성에게 장거리 전화를 받았다. 나의 책 《상한 감정의 치유》를 읽고는 나와 대화를 나누고 싶다는 것이었다. 그는 7년 넘게 신앙생활을 하면서 성경도 착실히 읽고, 기도도 열심히 했으며, 다른 교인들과도 잘 지내왔다. 그러나 그는 마치 "축음기 바늘이 어딘가 걸려서 헛도는 것 같은" 어려움이 있다고 말했다. 자신이 알고 있는 모든 교회 훈련에 참여해 보았으나 무엇이 문제인지 알아낼 수가 없었다. 그런데 그 책을 읽으면서 성령께서 그의 "고장 난 축음기" 문제와 연관된 것들을 기억할 수 있도록 덮여 있던 기억을 한 꺼풀 벗겨 주는 것처럼 느낀 것이다.

특별히 충격적인 일을 겪은 것은 아니었다. 그보다 자라는 동안 그를 둘러싼 전반적인 분위기와 주변 환경의 영향이 문제였다. 그는 그것을 싫어했지만, 오늘날에도 무심코 그러한 분위기를 재연하려고 하는 자신을 발견했다. 그는 기억을 되살리기 전까지 자신이 무엇을 하고 있는지 알지 못했다는 사실을 거듭 강조했다. 자신을 이해하게 되면서, 상담자에게 자신의 기억을 나누고 더 깊은 통찰력을 얻을 수 있었다. 그리고 아내와 함께 기도하면서 자신이 변화되는 것과 집안 분위기가 달라지는 것을 느낄 수 있었다. 전화를 끊으면서 나는 묻힌 기억의 영향력에 대해 새롭게 확신할 수 있게 해주신 하나님께 감사드렸다.

이 남성의 이야기는 내가 인용하는 좀 더 극단적인 사례들과 균형을 맞추는 데 필요하다. 많은 경우, 우리는 특정한 경험이나 사건을 정확하게 집어 내기 힘들 때가 있다. 이 남성의 경우처럼 특정한 경험이나 사건보다는 주변 환경에서 온 문제일 수 있다. 전반적으로 치유가 필요한 환경에 둘러싸여 있었던 것이다. 어린 아이들에게 파괴적인 영향을 줄 수 있는 행동에 대해 말씀하실 때 예수님은 분명히 이것을 염두에 두셨을 것이다. 그분은 이 작은 자를 "실족하게 하는"(마 18:6-7; 눅 17:1-3) 사람들에게 하나님이 가장 혹독한 심판을 내리실 것이라고 말씀하셨다. 진실로 "차라리 연자 맷돌이 그 목에 매여 바다에 던져지는 것이 나[을]" 것이다.

의식적으로 회상할 수 있을 만한 분위기를 만들라

아픈 기억을 지닌 사람들은 신뢰할 만한 분위기가 아니면 일부러 그 기억을 회상하려 하지 않는다. 그러므로 자기를 이해하고 공감해 줄 수 있는 상담자가 필요하다. 이 상담자는 상처받은 사람이 마음 놓고 이야기할 수 있는 사람, 돌보시고 신뢰할 만하신 하나님께 인도해 줄 수 있는 사람이어야 한다. 바로 이때, 복음이 참으로 "좋은 소식"이 된다. 하나님이 우리의 친구가 되어 우리를 이해해 주시고 구원하신다는 믿어지지 않는 놀라운 소식인 것이다. 그리스도가 우리를 위해, 그리고 우리와 함께 십자가에서 고난받으셨다는 사실은 상처 입은 사람에게 신뢰할 만한 분위기를 만들어 준다. 즉, 그들이 고통스러운 기억을 끄집어내어 대면할 뿐 아니라 치유도 경험할 수 있게 해주는 것이다.

이처럼 신뢰할 수 있는 환경을 조성하기 위해서는 먼저 그들이 편안하게 느끼는 분위기에서 복음을 전하는 데서 시작해야 한다.

치유를 위한 분위기 조성

2차 세계대전이 끝났을 때, 일본은 크나큰 문제에 직면했다. 평화 조약이 체결되었지만 수천 명의 일본군이 여전히 남태평양 제도의 산과 정글에 숨어 나오지 않고 있었기 때문이다. 그들은 상관들에게 철저히 세뇌당한 탓에 미군에게 항복하면 고문을 당하거나 즉시 사형을 당한다고 믿고 있었다. 결국 일본 천황이 상황을 설명하고 병사들에게 집으로 돌아오라고 호소하는 연설을 하게 되었다. 그 연설은 라디오로 방송되었고, 큰 스피커를 통해 정글과 산악 지대 동굴에 반복적으로 울려 퍼졌다. 천황이 한 말을 요약하면 이렇다. "이제 나오십시오. 전쟁은 끝나고 평화가 왔습니다. 아무도 여러분을 해치지 않을 것입니다. 여러분을 보호해 주겠습니다."

천황의 목소리를 들은 병사들은 대부분 그 약속을 믿고 나왔다. 몇 달 만에 몇 명을 제외하고는 모두 밖으로 나왔다. 모든 생존자가 나오기까지는 몇 년이 걸린 것으로 추정되었다.

전쟁이 끝난 지 29년 후인 1974년 3월, 그때까지 숨어 있던 마지막 병사가 마침내 은신처에서 나왔다. 그 당시에는 이미 두 나라가 우호 관계를 맺고 있었다. 60대인 그에게 왜 이제야 나왔느냐고 묻자 그는 이렇게 대답했다. "두려움을 극복하기까지 오랜 시간이 걸렸습니다."

8장에서 우리는 신뢰할 수 있는 분위기가 되어야만 아픈 기억들을 의식적으로 회상하거나 생각해 낼 수 있다고 말했다. 그렇지 않다면, 우리는 늙은 일본군처럼 행동할 것이다. 두려움이 있다면 우리는 방어망을 낮추어 깊이 묻혀 있는 기억들을 끄집어내지 못한다. 우주의 주관자이신 사랑하는 아버지 하나님이 우리 모두에게 특별한 평화의 메시지를 보내셨다. 바울은 고린도후서 5장 19절에 그 메시지를 가장 잘 표현해 놓았다.

> 곧 하나님께서 그리스도 안에 계시사 세상을 자기와 화목하게 하시며 그들의 죄를 그들에게 돌리지 아니하시고 화목하게 하는 말씀을 우리에게 부탁하셨느니라

복음의 핵심이 바로 이것이다. "이제 나오십시오. 더 이상 두려워하지 않아도 됩니다. 우리 사이에는 평화가 성립되었습니다. 당신은 해를 입거나 벌을 받지 않을 것입니다. 당신을 기다리고 있는 것은 환영과 용납뿐입니다."

그렇다면 왜 많은 사람이 치유하시는 하나님의 은혜를 마다하

고 마음을 열길 꺼리는 것일까? 어째서 그들은 아직도 자기를 방어하며 숨어 있는 것일까? 바로 교회의 분위기나 다른 그리스도인들의 행동, 복음을 증거하는 방법 등이 그들이 느끼기에 신뢰할 만하지 못하기 때문이다.

선지자와 제사장 역할을 담당하는 목회자

설교에는 여러 기능이 있고, 종류도 다양하며, 지향하는 목적도 각각 다르다. 많은 설교가 말씀 전하는 자의 선지자적 역할을 부각시킨다. 그는 하나님의 대리인으로 "하나님께서 말씀하시기를"이라고 하면서 하나님의 말씀을 선포한다. 선지자로서 그는 예수님처럼 권위를 가지고 말해야 한다. 선지자로서 목회자의 목표는 진리를 선포하고, 믿음의 위대한 교리를 설명하며, 좀 더 높은 차원의 도덕적인 삶을 위한 성경적 기준을 가르치는 것이다. 선지자로서 그는 죄와 의, 심판에 대해 말하고, 사람들에게 회개, 구원, 성화, 마음과 삶의 거룩함을 일깨워 준다.

제사장이나 목양자로서 설교한다면, 내용과 목표가 달라진다. 하나님의 대리인으로서 그는 말씀으로 양육하며, 사람들을 세워 주고 격려해 준다. 슬퍼하는 자들에게 위안을, 절망에 빠진 자들에게 희망을 준다. 이러한 설교의 목표는, 찰스 웨슬리의 아름다운 찬송가 "비바람이 칠 때와"(새찬송가 388장)의 가사에 나타난 것과 같다. "전능하신 예수께 나의 소원 있으니 병든 자와 맹인을 고쳐주심 빕니다."

우리의 설교는 대부분 선지자적인 것과 목양적인 것 사이에서 왔다 갔다 할 것이다. 사실 하나님이 원하시는 설교의 목적을 이루기 위해서는 복음의 두 가지 면인 "도덕적 요구"와 "하나님의 은혜"가 적절하게 균형을 이루어야 한다. 물론 예수님은 그 두 가지를 완벽하게 충족시키셨다. 간음하다 잡힌 여인에게 예수님이 하신 말씀에서 우리는 그 사실을 알 수 있다. "나도 너를 정죄하지 아니하노니 가서 다시는 죄를 범하지 말라"(요 8:11).

많은 목회자가 이 둘의 균형을 위해 최선으로 노력하여 신자들의 필요를 충족시킨다. 그러나 목회자들이 종종 인식하지 못하는 것이 있다. 바로 회중 가운데 좀 더 깊은 설교가 필요한 사람이 늘고 있다는 사실이다. 에드가 잭슨은 그의 책《설교를 위한 심리학》(A Psychology for Preaching)에서 4,000명을 대상으로 "회중은 목회자의 설교에서 무엇을 얻길 바라는가"를 설문 조사한 결과를 보여 주었다. 그중 절반이 삶에 대한 허무, 대인 관계의 불안정, 외로움, 결혼, 성적 욕구, 술, 종교와 도덕에 대한 잘못된 생각, 열등감, 질병과 고통, 죄책감과 좌절 같은 매우 개인적인 문제들에 관심을 보였다. 4분의 1은 주로 가족 문제, 부모 역할, 자녀 양육, 대인 관계의 갈등에 관심을 나타냈다. 그리고 나머지 4분의 1은 좀 더 전통적인 종교적 문제들에 관심을 가지고 있었다.

이것이 목회자에게 답을 듣고 싶어서 도움을 청하는 사람들의 외침이다. 미성숙과 내적 갈등, 감정적인 문제, 대인 관계 등에서 많은 영적인 필요가 생겨난다. 정작 사람들이 알고 싶은 것은 목회자가 늘 설교하는 풍성한 생명을 매일의 삶에 어떻게 적용할 수 있느냐다.

현대 사회를 사는 우리에게는 이러한 보편적인 문제 말고 여러 가지 비정상적인 문제를 추가해야 한다. 오늘날 우리는 큰 대가를 치르고 있다. 거듭나고 영적으로 충만한 그리스도인들 가운데도 영적 생활에 깊은 영향을 주는 감정적 문제를 지닌 채 성인이 되는 사람이 늘고 있기 때문이다. 점차 병들어 가고 있는 우리 사회에서 이런 상황은 인구 폭발처럼 기하급수적으로 악화되고 있는 것 같다.

성을 지나치게 강조하는 오늘날의 비극은 거의 국가적인 강박관념이 되어버렸다.

- ❖ 지난 40년간 폭발적으로 증가한 이혼율
- ❖ 놀랄 만큼 증가한 자녀와 배우자 학대, 근친상간, 성폭력
- ❖ 늘고 있는 알코올의존증과 약물중독
- ❖ 도덕 기준과 책임감의 붕괴

이 모든 것은 우리 사회를 상처 입은 사람들을 생산해 내는 조립 공장으로 만드는 데 일조했다. 이처럼 손상된 감정들은 겹겹의 기억 속에 깊숙이 파묻혀 우리가 듣는 일반적인 설교에는 반응하지 못할 것이다. 사실, 어떤 설교는 이들에게 두려움을 가중시

키고 자신을 더 단단하게 방어하여 손상된 감정이 더 깊은 곳으로 숨어 들어가게 만든다. 위로하고 격려하는 설교일지라도 그런 식의 복음은 사람들에게 오히려 큰 절망을 안겨 줄 수 있다. 이런 사람들에게 "왜 목사님께 이런 문제에 대해 상의하지 않나요?"라고 물으면, 그들은 대부분 목사님이 무슨 말을 할지 벌써 알고 있기 때문이라고 대답한다. 목사님과의 상담은 더 큰 죄책감만 느끼게 할 뿐이라는 것이다. 그걸 어떻게 아느냐고 물어보면 이런 대답이 돌아온다. "목사님이 설교하는 것을 보면 알죠." 복음 전도자나 목회자는 이런 평가가 부당하다고 일축해 버리기 쉬울 것이다. 그러나 서글프게도 대부분이 사실이다. 설교가 사람들을 더 실망시키고 그들에게 절실하게 필요한 도움과 치유를 찾지 못하도록 방해하는 경우가 매우 많다.

감정적, 영적 치유를 위한 설교

수년간의 경험을 통해 나는 기억의 치유를 도우려면 특별한 설교가 필요하다는 것을 알게 되었다. 그 설교는 내용이나 방법, 목표가 일반 설교와 다르다. 기억의 치유는 돕는 설교 형태는 다음과 같다.

❖ 고통받는 사람이 치유를 방해하던 방어 자세를 버릴 수 있도록 용기를 주는 것

- ❖ 내면에 파묻혀 있는 두려움, 걱정, 갈등, 수치심을 털어놓을 수 있게 하는 것
- ❖ 깊숙이 숨겨진 내면화된 기억들이 십자가 앞에 드러날 수 있도록 돕는 것
- ❖ 하나님에 대해 완전히 새롭게 알려 주는 것. 즉 하나님은 그 사람의 문제를 이미 알고 계시며, 그럼에도 문제를 가지고 있는 사람을 사랑하시고 누구보다 그런 사람을 이해하고 받아 주시는 분이라는 것

설교 내용

기억의 치유를 돕는 설교의 핵심은 우리가 알고 있는 복음의 핵심에서 찾아볼 수 있다.

❖ **성육신**_ "임마누엘, 하나님이 우리와 함께 계시다." 사도 요한은 "말씀이 육신이 되어 우리 가운데 거하시매"(요 1:14)라고 했다. 마태는 이사야의 예언을 인용했다. "보라 처녀가 잉태하여 아들을 낳을 것이요 그의 이름은 임마누엘이라 하리라 하셨으니 이를 번역한즉 하나님이 우리와 함께 계시다 함이라"(마 1:23).

"우리 가운데", "우리와 함께." 하나님이 우리와 함께하신다는 것은 무엇을 의미하는 것일까? "함께"라는 말을 어떻게 사용하는지 생각해 보면 실마리를 찾을 수 있다. 우리는 가끔 병을 앓고 있

거나, 고통을 당하고 있거나, 가까운 사람을 여의고 큰 슬픔을 당한 친구를 찾아가서 그 사람을 얼마나 사랑하는지 전달하고자 한다. 그리고 그 사람에게 "네가 얼마나 힘든지 이해해. 무슨 일이 있어도 나는 너와 함께 있어"라고 말한다. 이것이 우리가 전달해야 하는 성육신의 의미다.

이사야는 임마누엘의 강림을 예언하였고, 마태는 이것을 "하나님이 우리와 함께 계시다"라고 설명하였다. 우리는 정신적, 감정적 고통에 시달리고 있는 사람들에게 진정한 그리스도의 인성에 대해 이야기해 줘야 한다. "말씀이 말들이 된 것"이 아니다. 물론 말씀은 필요하다. 그러나 그것만으로는 충분하지 않다. 그것은 하나님 자신에게도 마찬가지였다. 그래서 말씀은 "육신"이 되었다. 하나님이 인간의 삶과 고통 가운데로 내려오신 것이다. 그분은 우리 중 하나가 되셔서 우리와 함께 하나가 되신 것이다.

❖ **동일시됨**_ 하나님은 우리의 고통 가운데 우리와 함께 계신다. 아마도 캐나다 신문인 〈캘거리 헤럴드〉(The Calgary Herald)에 실린 다음 두 실화가 이것을 가장 잘 설명해 줄 것이다.

1978년 6월 5일, 일곱 살 된 마틴 트루젠이 강가의 부두에서 미끄러져 강물에 빠졌다. 그 부두에는 열 명 남짓한 어른이 있었다. 그런데 그들은 마틴이 몇 분 동안 허우적거리다가 익사하는 것을 지켜보고만 있었다.

왜 아무도 돕지 않았을까? 상류로 조금만 올라가 보면, 처리되지 않은 하수가 강으로 쏟아져 들어오고 있었다. 그 물은 상당히 오염되었고, 악취를 풍기고 있었다. 한 목격자에 따르면 그 구경꾼 중 한 명이 이렇게 말했다. "뛰어들려고 봤더니, 물이 너무 더러웠어요." 나중에 현장에 도착한 경찰관은 그 이야기를 듣고 매우 비통해했다. "사람들이 어떻게 이럴 수 있습니까! 소년을 충분히 구할 수 있었는데 말이죠."

이 사건을 다음 사건과 비교해 보자. 1977년 8월, 호주 출신인 존 에버링엄 기자는 라오스에서 일하다가 공산주의자들에게 추방당하였다. 그는 현지인 약혼녀 케오 시리솜포네를 두고 떠날 수밖에 없었다. 10개월 동안 존은 케오를 구출할 방법을 신중하게 계획했다. 1978년 5월 27일, 드디어 그는 구출 계획을 실행에 옮겼다. 수중 마스크, 오리발, 두 개의 호흡 장치가 달린 스쿠버 다이빙 산소통을 착용하고 라오스와 태국의 경계선인, 빗물로 불어난 메콩강에 뛰어 들었다.

흙탕물인 탓에 물속에서는 앞이 전혀 보이지 않아서 존은 수중 마스크에 달린 나침반을 사용해야 했다. 또한 소용돌이치는 강물과 싸워야 했으며, 진흙 바닥을 기어가다가 소용돌이치는 물살에 내동댕이쳐지기도 하였다. 수면 위로 올라왔을 때 그는 해류의 흐름을 과소평가했다는 것을 깨달았다. 그는 아직도 강둑에서 떨어져 있었다. 게다가 의심을 사지 않기 위해 어부로 변장한 케오가 기다리고 있는 지점은 수십 미터나 지나쳐 왔다. 기진맥진한 존은 태국 쪽으로 다시 수영해 갔다.

그러나 이번에는 강의 상류 쪽으로 너무 많이 들어갔다. 그는 당시를 이렇게 회상했다. "드디어 계획에 성공한 나는 강 언덕으로 기어 나왔습니다. 포기한 듯이 되돌아가는 케오가 멀리 보였지요. 나는 온 힘을 다해 소리를 질렀습니다. 그 소리에 그녀는 뒤돌아 나를 보고는 달려와서 내 품에 안겼습니다."

케오가 수영을 할 줄 몰랐기 때문에 존은 그녀 목에 구명조끼를 둘러 주고 입에 호흡 장치를 물려 주었다. 그리고 빨리 풀 수 있는 끈으로 함께 묶고 물 위로 얼굴만 겨우 내민 채 힘차게 강으로 돌진해 나갔다. 필사적인 노력 끝에 그들은 함께 그 일을 해냈고, 기진맥진한 상태로 반대쪽인 태국 강변에 쓰러졌다.

존의 이야기는 비참한 곤경 속에서 우리와 함께하시는 임마누엘의 모습을 잘 보여 준다. 하나님은 그저 팔짱만 낀 채 옆에 서서 지켜보고만 있는 분이 아니다. 우리를 몹시 사랑하시기 때문에 소용돌이치는 진흙탕 같은 우리 삶에도 기꺼이 함께하신다.

1) 예수님의 태아기_ 처녀 마리아의 자궁에서 양수 속에 잠겨 있었다.

2) 예수님의 출생과 유아기_ 미친 헤롯 왕의 살해 명령이라는 소용돌이 물결을 피해 다녔다.

3) 예수님의 소년기_ 성장과 발달의 물결을 헤치고 배우며, 육신의 부모와 종교 지도자들의 훈련을 통해 성숙했다.

4) 30년 기간_ 말씀에 스며들고 인내와 무한한 지혜에 흠뻑 젖어 무명으로 물에 잠겨 있었다.

5) 3년 사역_ 예수님의 생애와 사역은 죄로 얼룩진 인생들과 함께하는 것이었다. 죄인들과 함께 세례 받았으며, 그들과 같이 먹었고, 그들의 더러움에 오염되는 것을 감수했다.
6) 배신당하심_ 마지막으로 거짓과 부인과 배신의 소용돌이 속에서 죽음을, 그것도 십자가의 죽음을 눈앞에 두고 있었다.
7) 십자가에 못 박히심_ 하나님은 우리를 위해, 우리와 함께 고통을 감수하신다. 자신을 희생하면서까지 우리와 함께하신다. 이제 우리는 복음의 핵심에 다다랐다. 바로 십자가다. 예수님은 두 강도와 함께 십자가에 달리셔서 마지막 순간까지 우리의 가장 악한 모습과 동일시되셨다. "죽음의 고난 받으심으로 말미암아 …… 하나님의 은혜로 말미암아 모든 사람을 위하여 죽음을 맛보려"(히 2:9) 하셨다.

히브리서 기자가 말하듯 죽음에서까지 인간과 동일시되신 것은 아주 중요하다.

> 그도 또한 같은 모양으로 혈과 육을 함께 지니심은 죽음을 통하여 죽음의 세력을 잡은 자 곧 마귀를 멸하시며 또 죽기를 무서워하므로 한평생 매어 종노릇하는 모든 자들을 놓아 주려 하심이니 …… 그러므로 그가 범사에 형제들과 같이 되심이 마땅하도다 …… 그가 시험을 받아 고난을 당하셨은즉 시험 받는 자들을 능히 도우실 수 있느니라(히 2:14-18)

하나님이 우리와 완전히 동일시되셨다는 것은 우리의 고통과 아픔을 이해하신다는 궁극적인 증거다. 이 구절을 포함하여 히브리서의 다른 말씀들의 핵심은 하나님이 지금 우리를 온전히 이해하시므로 우리는 전혀 머뭇거릴 필요 없이 무엇이든지 그분에게 가지고 나올 수 있다는 것이다. 진실로 하나님은 우리에게 "때를 따라 돕는 은혜를 얻기 위하여 은혜의 보좌 앞에 담대히 나아갈 것"(히 4:16)을 촉구하고 계신다.

예수 그리스도의 죽음을 속죄에 한정한다면, 이러한 초청의 의미를 올바로 전달하지 못한 것이다. 물론 십자가는 예수님이 우리 죄를 위해 돌아가신 것을 의미한다. 그러나 우리는 상처받은 수많은 사람들이 설교와 가르침에서 들어야 하는 중요한 한 가지를 놓치고 있다. 바로 예수님이 십자가에 못 박혀 돌아가셔서 죄인과 고통받는 자를 하나님과 화목하게 하셨다는 것이다.

예수 그리스도가 지옥으로 내려가심으로 그분은 우리의 양심을 괴롭히고 죄책감을 불러일으키는 죄에서 우리를 깨끗이 씻겨 주셨다. 그뿐 아니라 우리를 고통스럽게 하고 꼼짝 못하게 얽매는 우리 안의 아픈 기억들을 치유해 주셨다. 이러한 기억들은 대부분 우리가 원하지 않았지만 우리에게 입혀진 상처나 연약함에서 비롯된다. 어쩌면 우리는 다른 사람들이 저지른 죄의 피해자인지도 모른다. 십자가에 못 박힌 예수 그리스도가 바로 그러하셨다. 그분은 다른 이들이 선택한 죄의 대가를 치르신 희생양이었다. 우리가 지은 죄에 대해 그분은 스스로 형벌을 받으셨고, 인간이 경험할 수 있는 가장 큰 고통을 당했다. 그 고통은 부당하고 불공평한 것이었다. 그분은 자진해서 죄와 고난이라는 뗄 수 없는 묘한 관계 속에 자신을 맡겼다. 그렇기 때문에 그분의 고난을 죄를 용서하는 것에 한정한다면, 우리의 설교는 매우 단순해진다.

"누구의 죄입니까?"라고 묻는 사람도 있을 것이다. 8장에서 인용한 마태복음에서 예수님은 어린아이들에게 짓는 죄에 대해 이렇게 말씀하셨다. "실족하게 하는 일들이 있음으로 말미암아 세상에 화가 있도다 실족하게 하는 일이 없을 수는 없으나 실족하게 하는 그 사람에게는 화가 있도다"(마 18:7). 그렇다. 우리는 모두 죄를 범했고, 십자가의 용서가 필요하다. 그러나 한편으로는 다른 사람의 죄 때문에 우리가 경험하는 복잡하고도 모순된 감정과, 치유되지 않은 기억에서 폭발하는 뒤얽힌 고통을 하나님이 이해해 주신다는 사실을 십자가를 통해 확신해야 한다.

상담하면서 가장 화가 났던 순간은 주디라는 젊은 여성이 울먹이면서 하는 이야기를 들었을 때다. 주디는 한 유명한 부흥사의 설교를 듣고 기도와 도움을 받기 위해 그를 찾아갔다. 그녀는 여섯 살 때부터 목회자인 아버지에게 지속적으로 성폭행을 당해 왔다는 사실을 털어놓았다. 몹시 괴로워하면서 그녀는 늘 우울하고 영적 절망감에 빠지게 한 복잡한 심정을 솔직히 이야기했다. 주디는 죄책감과 수치심, 성에 대한 상반된 감정, 분노, 슬픔으로 뒤범벅되어 있었다. 그런데 그 부흥사가 해준 대답은 그녀가 이 모든 것을 "회개"한다면 하나님이 그녀의 감정을 "치료"해 주신다는 것이었다. 그러고는 어떻게 구원받을 수 있는지까지 상세히 설명했다. 해줄 말이 너무 많았는지 그는 질문을 받기는커녕 그녀의 이야기를 끝까지 듣지도 않았다. 주디가 세 살밖에 되지 않았을 때 엄마가 몹시 화가 난 나머지 그녀의 다리를 부러뜨렸다는 이야기는 꺼내지도 못했다.

그러나 놀랍게도 그러한 집안에서 자랐음에도 주디는 하나님의 은혜로 신실한 그리스도인이 되었다. 그녀는 거듭난 그리스도인이었다. 이런 그녀에게 절실하게 필요한 것은 어두운 과거의 상처에서 치유되어 하나님과 다른 사람들, 그리고 자기 자신과 완전히 새로운 방법으로 관계 맺는 법을 배우는 것이다.

그렇기 때문에 온전한 의미에서 볼 때, 십자가를 설교하는 것은 기억의 치유에 필요한 신뢰할 수 있는 분위기를 조성하는 핵심 요소다. 고대 성만찬 기도문에는 이것이 아름답게 표현되어 있다. "그의 피를 믿는 믿음을 통해" 우리는 "우리 죄를 용서받았고" "그의 고난에서 다른 모든 혜택"을 받게 되었다. 이 복음에는 상처받은 수많은 영혼을 위한 혜택이 포함되어 있다는 것을 확신하자. 누가가 기록한 대로 예수님은 회당에서 처음 복음을 선포하실 때, 이사야서에 나와 있는 메시아의 모습을 인용하셨다. "나를 보내사 마음이 상한 자를 고치며 포로 된 자에게 자유를, 갇힌 자에게 놓임을 선포하며"(61:1-2). 우리 중 마음이 상한 자들은 예수께서 그들의 죄뿐 아니라 슬픔과 연약함까지 담당하셨다는 것을 반드시 알아야 한다.

❖ **우리를 공감하고 이해해 주시는 하나님**_ 이것은 무엇을 의미하는가? 우리의 일상생활에는 어떤 영향을 끼치는가? 그리고 지금까지 이야기한 치유와 어떤 관계가 있는가? 이것은 이제까지 우리가 아는 하나님에 대한 개념과 감정을 바꾸어 주고, 깊이 숨어 있는 기억들을 드러나게 할 수 있는 믿을 만한 분위기를 조성해 준다.

어째서 그럴까? 우리가 어떻게 느끼는지를 하나님이 이제 알고 계시기 때문이다. 그렇다. 하나님은 모든 것을 아시는 분이다. 그렇다면 어떻게 하나님이 이제 알고 계신다고 말할 수 있는가? 그 말은 하나님이 새로운 무언가를 배우시는 것처럼 들리고, 그분을 덜 완벽한 분으로 만드는 것 같다. 하나님은 전지전능하시기 때문에 모든 것을 늘 알고 계신다. 그러나 이제는 경험을 통해서 실제로 알고 계신다는 뜻이다. 히브리서의 구절들은 그리스도의 고난으로 인하여 하나님이 이제 더 깊은 의미에서 알고 이해하신다는 것을 암시한다. 개인적인 예를 드는 것이 망설여지지만, 이 사례가 내가 뜻하는 바를 가장 잘 설명해 줄 수 있을 것이다.

인도로 가기 전, 아내와 1년 동안 선교사 훈련을 받으면서 열대 의학 과목을 듣게 되었다. 그 수업은 우리에게 매우 유익했다. 그 수업에서 우리는 인도 아기의 50퍼센트가 다섯 살이 되기 전에 죽는다는 것을 알았다. 우리는 이 공부를 통해 신생아 사망률에 대한 사실을 알고 있었다. 그렇지만 2년 뒤, 우리 부부는 신생아 사망률에 대한 사실을 새로운 차원에서 알게 되었다. 10개월 된 우리 아들 데이비드가 급성 이질에 감염된 지 몇 시간 만에 목숨을 잃어서 그해 3월 아침에 인도 비더의 붉은 흙 속에 묻혀야 했기 때문이다.

물론 하나님은 인간이 된다는 것이 무엇인지 이해하고 계셨다. 그러나 성육신과 고난, 죽음을 통해 그리스도께서 우리와 궁극적으로 동일시되시면서 하나님은 단순히 전지전능하셔서가 아니라 실제 경험하셔서 지금 우리를 충분히 이해하고 알고 계시는 것이다.

이제 우리는 그분이 우리를 아시고 돌보신다는 것을 확신할 수 있다. 그분은 우리 중 하나가 되셨고, 인간으로 태어나셔서 무덤에 묻히시기까지 우리 삶을 모든 면에서 경험하셨다. 그렇기 때문에 우리는 그분이 "우리의 연약함을 동정하시는 분"이라는 것을 안다(히 4:15). 그리고 그분이 아신다는 것을 확신하기 때문에 우리 삶은 결코 전과 같지 않을 것이다.

❖ **치유에 참여하시는 성령**_ 우리를 누구보다 잘 알고 돌보시는 하나님이 우리와 함께 느끼고 이해하시는 분이라는 사실이 우리의 내적 치유에 가장 큰 치료 요인이 된다. 예수님을 과거에만 해당되는 "역사 속의 예수님"으로만 머무르지 않게 하신 하나님께 감사드

린다. 과거 역사 속의 예수님이 성령의 역사를 통해서 현재의 그리스도가 되셨고, 개인적으로 경험할 수 있는 예수님이 되셨다.

성령께서는 예수 그리스도의 고난과 죽음을 통해 이 모든 것을 이루시고, 부활을 통해 이것이 지금 우리 삶에 실제로 적용될 수 있게 하셨다. 성령은 "파라클레테"(*paraklete*)이시다. 이 단어는 "옆에"라는 의미의 "파라"(*para*)와, "호출하다"라는 의미의 "칼레오"(*kaleo*)의 합성어다. 옆에 계시도록 호출된 분인 것이다. 로마서 8장 26-27절은 성령께서 우리의 연약함과 무능력을 도우신다고 확신시켜 주고 있다. "돕다"라는 헬라어는 세 단어의 합성어로 "다른 쪽에서 붙잡고 있다"라는 뜻을 지닌다. 이것은 우리를 아시고, 이해하시고, 돌보시는 하나님이 지금 우리를 치유하시기 위해 동참하고 계시다는 아름답고도 사려 깊은 말이다.

이러한 확신은 로마서 8장 18-28절에 잘 표현되어 있다. 이 말씀에서 바울은 타락하고 불완전한 이 세상에서 사는 것이 얼마나 고통스럽고 괴로운지를 설명한다. 심지어 피조 세계마저도 "이제까지 함께 탄식하며 함께 고통을 겪고 있는 것을 우리가 아느니라"(22절)고 했다. 그렇다. 참으로 세상은 고통받고 있다. 계속해서 바울은 "그뿐 아니라 또한 우리 곧 성령의 처음 익은 열매를 받은 우리까지도 속으로 탄식하여 양자 될 것 곧 우리 몸의 속량을 기다리느니라"(23절)고 말한다. 피조세계도 신음하며, 그리스도인인 우리도 신음한다. 그러나 우리는 홀로 내버려진 것이 아니다. 성령의 임재를 통하여 하나님이 우리와 함께 신음하신다. "이와 같

9장 치유를 위한 분위기 조성　173

이 성령도 우리의 연약함을 도우시나니 우리는 마땅히 기도할 바를 알지 못하나 오직 성령이 말할 수 없는 탄식으로 우리를 위하여 친히 간구하시느니라"(26절).

고통당하고 있는 청중에게 더할 나위 없이 좋은 복된 소식, 바로 이것이 설교를 준비하는 핵심이 되어야 한다. 따라서 설교자는 성령께서 주시는 사랑과 공감으로 설교해야 할 뿐 아니라, 삶에서 경험한 내적 치유와 이해해 주시는 사랑을 항상 열린 마음으로 나누어야 한다.

구원하고 용납하는 회중

설교 내용과 더불어 용납은 신뢰할 수 있는 환경을 조성하는 데 중요한 요소다. 앞서 말한 내용으로 목회자가 설교하더라도 교인들의 태도가 용납하는 분위기가 아니라면, 치유를 위한 좋은 환경은 마련될 수 없다.

사람들이 마음을 열지 못하는 것은 대부분 좋지 않은 대인 관계에서 생긴 두려움과 불안 때문이다. 이미 살펴보았듯이 그러한 관계에서 온 기억들은 심지어 태어나기 전으로 거슬러 올라갈 수도 있다. 이들은 말하는 법을 배우기도 전에 해로운 관계에서 언어를 배운 것이다. 따라서 이제는 유익한 관계에서 새로운 언어를 배워야 한다. 그러려면 먼저 다른 사람들이 하는 말을 들어야 한다. 그렇기 때문에 교회를 구성하는 사람들의 역할이 치유 과정에서 그토록 중요한 것이다.

치유 사역을 도와줄 수 있는 그리스도인들은 고통으로 몸부림치고 있는 사람들을 이해와 사랑으로 따뜻하게 감싸 줘야 한다. 어떤 때는 사랑하기 때문에 오히려 이들과 부딪치게 될 때도 있지만, 그때에도 비판하고 심판하는 마음이 아닌 치료해 주려는 마음이어야 한다. 끈질긴 사랑이 필요하다면, 말 그대로 포기하지 않고 끈질기게 사랑해야 한다.

솔직히 당신의 교회에서 이런 분위기를 찾아볼 수 있는가? 그리스도인 사업가이자 강사, 작가인 프레드 스미스가 이것을 주제로 쓴 통렬한 현대판 우화를 여기에 소개한다.

"나를 병원에 데리고 가지 말아요, 제발"

한 남자가 피를 흘리며 길에 누워 있었다. 그를 친 운전자는 이미 달아난 뒤였다. 그는 즉시 병원에서 치료를 받아야만 했다. 그런데 그는 계속 "제발 날 병원에 데리고 가지 말아요"라고 호소했다. 전혀 이해가 되지 않는 상황이었다.

모두 놀라서 왜 그러냐고 물었다.

그는 호소하듯이 대답했다. "저는 병원에서 일하는 사람인데요, 다른 동료들에게 이런 모습을 보이기가 너무 창피해서요. 그들은 제가 피 흘리며 지저분하게 된 모습을 지금까지 단 한 번도 보지 못했거든요. 늘 깨끗하고 건강한 모습만 보았지요. 그런데 전 지금 엉망진창이잖아요."

"그렇지만 병원은 당신 같은 사람들을 위한 곳입니다. 구급차를 부를게요!"

"안 돼요, 제발 부르지 마세요. 저는 보행자 안전 과정도 수강했는데 제가 사고 당한 걸 보면 그 강사가 저를 질책할 거예요."

"그 사람이 뭐라고 하든 무슨 상관입니까? 당신은 지금 치료를 받아야 한다고요."

"다른 이유도 있어요. 저를 보면 아마 접수하는 직원이 화를 낼 거예요."

"왜죠?"

"그 직원은 몹시 깐깐하거든요. 누구든 입원 수속 서류에 있는 사항을 다 기록하지 못하면 항상 화를 낼 정도죠. 저는 누가 저를 치었는지도 못 봤고, 차종이나 차량 번호도 몰라요. 그녀는 이런 것을 이해하지 못할 겁니다. 그리고 그것보다 더 문제가 되는 게 있어요. 저는 지금 의료보험 카드가 없거든요."

"그게 왜 문제가 됩니까?"

"지금 이렇게 엉망진창이 된 저를 알아보지 못한다면, 그들은 저를 들여보내 주지 않을 것입니다. 저 같은 사람이라도 보험 카드가 없으면 받지 않으니까요. 보험회사에 청구하게 될지 꼭 확인합니다. 그들은 보험회사 편이거든요. 저를 그냥 저 모퉁이에 데려다 주세요. 어떻게든 되겠죠. 다친 것은 제 잘못이에요. 왜 간호사들이 저 때문에 깨끗한 간호사 복장을 더럽혀야 합니까? 그들은 저를 비난할 거라고요."

사람들은 그를 홀로 내버려 둔 채 모두 가버렸다. 그는 모퉁이로 기어가려고 안간힘을 썼다. 거기까지 갔을지도 모르고 어쩌면 못 갔을지도 모른다. 어쩌면 그는 아직도 흐르는 피를 멈추어 보려고 노력하고 있을지도 모른다.

이 이야기가 이상하고 우스꽝스럽게 들리는가? 이것은 보통 교회에서 주일마다 일어날 수 있는 이야기다. 나는 이 일이 충분히 일어날 수 있다는 사실을 알고 있다. 어제 저녁, 나는 열심 있는 그리스도인 몇 명에게 이렇게 물어보았다. "만약 토요일 저녁에 용서받기 어렵다고 생각되는 죄를 저질렀다면 어떻게 하겠습니까?" 그러자 한 명도 예외 없이 "다음 날인 주일에 교회에 가지 않을 거예요. 사람들이 모두 저를 볼 테니까요"라고 대답했다.

서로 오가는 선한 대화를 들으며 우리는 만약 죄를 지으면 교회보다는 내기 당구를 치러 가는 것이 낫겠다고 결심한다. 교회보다 당구장에서 동정과 이해를 받을 수 있다고 생각하는 것이다.

우리는 계속 토론했다. 교회가 성자 흉내나 내고, 잘 차려 입고 그럴듯하게 보이려는 곳인가? 아니면 차에 치여 피 흘리는 사람이 치료받으려고 오는 곳인가? 각 사람이 죄에서 구원받는 하나의 공동체로서 모두의 필요를 채우려고 하는 곳인지, 아니면 특별한 그룹으로서 자신을 더럽히지 않으려고 애쓰는 곳인지에 대한 질문은 끝났다.

"그들이 서로 얼마나 사랑하는지 보라." 승자와 패자, 건강한 사람과 아픈 사람, 상처받은 자와 치유받은 자가 서로 사랑하는 것을 보라. 상처받은 자들이 기대하는 마음으로 "나를 교회로 데리고 가줘요, 제발"이라고 말할 수 있도록 교회는 사랑을 베푸는 곳이 되어야만 한다.

기억의 치유를 위해서는 예수님께 치료받게 하려고 지붕까지 뜯어내 병자를 돌봐 준 중풍병자의 네 친구처럼 믿는 자들의 공동체적 교제가 필요하다. 고통스런 기억을 치유하기 위해서는 그 기억들을 드러낼 수 있게 하는 과정이 필요하다. 그리고 이것은 믿을 만한 환경에서만 가능하다. 그렇다면 도대체 어떻게 그런 환경이 조성될 수 있는가? 복음이란 주님이 십자가에 못 박히시고 다시 살아나셨다는 것임을 다시 한 번 기억하라. 요한이 기록한 첫 번째 부활절 저녁에 일어난 사건을 주의 깊게 살펴보자.

> 이 날 곧 안식 후 첫날 저녁 때에 제자들이 유대인들을 두려워하여 모인 곳의 문들을 닫았더니 예수께서 오사 가운데 서서 이르시되 너희에게 평강이 있을지어다 이 말씀을 하시고 손과 옆구리를 보이시니(요 20:19-20)

부활하신 예수님은 제자들이 두려워서 잠가 둔 문을 통과하여 들어오셨다.

하나님을 찬양하라! 부활하신 주님은 두려움 때문에 오랫동안 잠가 둔 방어막과 문을 뚫고 바로 걸어 들어오실 수 있다. 그분은 지금도 괴로워하고 고통받는 사람들의 마음에 평화를 주실 수 있다. 평화의 말을 전하시고 못 자국을 보여 주시면서 우리에게 평화를 주신다. 그 못 자국은 우리에게 평화를 주려고 받으신 것이다. 이제 성령 안에서 그분의 이름으로 함께 모여 치유받는 역사가 나타날 수 있는 분위기를 조성하는 것은 그분의 제자인 우리에게 달려 있다.

준비 단계

지금까지 우리는 기억을 치유하기 위한 기초를 쌓아왔다. 이제 내가 사람들을 상담한 방식 등을 설명하려고 한다. 이 후반부 장들은 기억 치유와 같은 특별한 유형의 영적 치료를 원하는 내담자와 상담자에게 유익한 자료가 될 것이다. 기도가 핵심이므로 다음 장에서 자세히 설명하고, 이번 장에서는 준비하는 방법을 먼저 살펴보자.

내담자의 준비

내담자가 기도 시간을 올바르게 준비하는 것은 반드시 필요하다. 무엇을 해야 하는지, 정말로 어떤 문제가 있는지 알지 못한 채 뛰어드는 것은 기적에 참여한다기보다는 오히려 마술을 행하는 것이다. 하나님은 인격뿐 아니라 상황과 원칙도 중요하게 여기신다. 그분은 마음과 영의 법칙을 따라 일하신다. 치유와 기도를 통괄하는 특정한 원리가 있는 것이다. 그렇기 때문에 거의 모든 경우, 기도 시간 전후에 상담 시간이 있어야 한다.

처음에 나는 사람들에게 과제를 내주겠다고 이야기한다. 어느 누구도(심지어 하나님조차) 당사자의 동의와 협조 없이는 도울 수 없다는 사실을 염두에 두게 한다. 연약함 가운데 있는 우리를 도우시는 성령(롬 8:26)이 "다른 한편에서 붙잡아 주시는 분"으로 우리와 함께하신다. 내담자에게 과제를 주는 목적은, 지금의 감정과 행동의 원인이 되는 억압된 기억과 감정을 알아내는 데 도움을 주기 위해서다. 모든 기억은 서로 연관되어 있어서, 이러한 연상 작용이 옛 경험을 떠올리게 하는 연결 고리 역할을 한다. 우리 마음은 한 장면을 떠올리게 되면 또 다른 것을 기억해낸다. 그 둘이 어떻게든 연관되어 있기 때문이다. 기억이 뚜렷이 떠올랐을 때에는 이전에 느낀 원래 감정을 다시 경험할 확률이 높다. 반대도 마찬가지다. 특정한 감정을 경험한다면, 그 감정에 관련된 기억이 의식 속에서 되살아날 수 있다.

세계적으로 유명한 캐나다의 신경외과 의사 와일더 펜필드가 발견한 것을 살펴보면 도움이 될 것이다. 펜필드는 1951년부터 여러 해 동안 두뇌와 기억을 광범위하게 연구했다. 그 결과 신경계 전체가 두뇌에 정보를 전달하기 위해 극소량의 전류를 사용하고, 그 다음에 두뇌가 그 자료를 기록하고 저장하기 위해 그 전류를 사용한다는 사실을 발견했다. 적은 양의 전기로 두뇌의 기억 영역을 자극하는 실험을 통해, 우리가 겪는 모든 경험이 두뇌에 자세히 기록된다는 것을 발견한 것이다. 의식적으로 기억할 수 있든 없든 간에 여전히 그것들은 기억 속에 저장되어 있다.

이 연구에서 발견한 더 중요한 사실은 어떤 것을 경험하면서 느낀 감정들도 두뇌에 기록된다는 것이다. 실제로 이런 식으로 감정이 기록되기 때문에 특정 경험과 감정은 분리시킬 수 없다. 따라서 기억을 되살린다는 것은 단지 그 일을 다시 떠올리는 것 이상이다. 경험을 재생한다고 말하는 것이 더 정확할 것이다.

이어서 펜필드는 이처럼 경험을 재생하는 능력 때문에 인간이 동시에 두 가지 심리적 기능을 할 수 있다는 사실을 증명했다. 우리는 현재를 의식하면서 동시에 마치 과거를 사는 듯이 이전 경험을 생생하게 재생할 수 있는 것이다. 그렇기 때문에 기억이 우리에게 영향력을 발휘하고 지금 우리가 겪는 경험의 개념과 감정에 많은 영향을 끼치게 된다. 우리가 느낀 것을 기억할 뿐 아니라 바로 지금 그때와 똑같이 느끼기까지 하는 것이다.

그러므로 준비 시간의 목적은 일부든 전체든 기억에서 밀려난 고통스런 기억의 영상과 감정을 의식하게 하는 것이다. 그리고 그때 경험한 것을 보고, 듣고, 느끼고, 깨닫도록 도와 주님 앞에 나아가 치유될 수 있게 하는 것이다. 펜필드가 전기 자극 실험을 통해 이 사실을 알아냈다면, 우리가 간구할 때 성령께서도 하실 수 있다는 말 역시 농담이 아니다. 또한 묵상과 기도로 마음을 열고 말씀을 읽을 때, 하나님이 기억을 일깨워 그리스도 안에서 성장하는 것을 방해하는 고통스러운 경험을 우리에게 깨우쳐 주신다.

읽고 듣는 과제

내담자와 여러 번 대화한 뒤, 하나님이 이러한 내적 치유 방식으로 인도하고 계심을 느끼면 나는 그들이 씨름하고 있는 문제에 따라 읽을거리들을 제안한다. 마음을 열고 숨겨진 상처를 인식하는 데는 다음과 책들이 매우 유익하다.

휴 미실다인, 《몸에 밴 어린 시절》(Your Inner Child of the Past), 가톨릭출판사, 2006.
세실 오스본, 《The Art of Understanding Yourself》, Zondervan.
데이비드 시맨즈, 《상한 감정의 치유》(Healing for Damaged Emotions), 두란노, 2008.
팀 슬레지, 《가족 치유 마음 치유》(Making Peace with Your Past), 요단, 1996.
M. 스캇 펙, 《거짓의 사람들》(People of the Lie), 비전과리더십, 2007.
캐런 메인즈, 《Healing for Damaged Emotions》, David C. Cook.

다음 책들은 필요에 따라 특정 주제에 적용된다.

❖ 하나님에 대한 개념

J. B. 필립스, 《당신의 하나님은 너무 작다》(Your God Is Too Small), 바이블웨이, 2016.

피에르 울프, 《May I Hate God?》, Paulist.

데이비드 시맨즈, 《Putting Away Childish Things》, Victor Books.

❖ 죄의식, 낮은 자존감, 우울

미너스와 마이어, 《행복도 선택이다》(Happiness Is a Choice), 엘맨, 2005.

폴 투르니에, 《죄책감과 은혜》(Guilt and Grace), IVP, 2001.

은혜에 관한 조셉 쿡의 명저, 《Free for the Taking》, Revell.

아치볼드 하트, 《우울증, 이렇게 치유할 수 있다》(Dark Clouds Sliver Linings), 요단, 2000.

❖ 부모와의 관계

하워드 할펀, 《Cutting Loose》, Bantam.

❖ 다른 사람을 용서하려는 고투

데니스와 매튜 린, 《Healing Life's Hurts》, Paulist.

루이스 스미디즈, 《Forgive and Forget》, Harper & Row.

존 어걸, 《Healing Where You Hurt》, Bridge Building Ministries.

❖ 근친상간과 성적 학대

캐서린 에드워즈, 《A House Divided》, Zondervan.

❖ 동성애

리앤 페인, 《깨어진 형상》(The Broken Image), 새물결플러스, 2016.

❖ 일반적 슬픔과 상실

C. S. 루이스, 《헤아려 본 슬픔》(A Grief Observed), 홍성사, 2004.

❖ 자녀의 죽음

준 필킨 테일러, 《But for Our Grief》, Holman.

❖ 유산 또는 사산

팸 브레데벨트, 《Empty Arms》, Multnomah.

어떤 사람들에게는 출근길에 운전할 때나 저녁에 집에서 조용히 들을 수 있는 음성 파일이 더 편리하다. 음성 파일 자료도 그들의 필요를 깨우치는 데 매우 유용하다.

쓰는 과제

책을 읽거나 음성 파일을 들을 때 떠오르는 생각이나 기억은 무엇이든 기록해야 한다. 아무리 사소하고 우습게 보이는 것도 기록하는 것이 중요하다. 지금 어른이 되어 생각해 보면 어리석고 하찮아 보일지라도 그 당시에는 매우 중요하고 깊은 상처를 주었을지 모르기 때문이다. 아마도 그 기억에서 가장 고통스러운 부분은 바로 과거 그 사건에 관련된 다른 사람들은 그것이 얼마나 의미 있고 큰 상처가 되었는지 깨닫지 못했다는 점일 것이다. 읽고 들을 때 떠오르는 것을 모두 적으라. 이 기간에는 일기를 써보는 것도 좋을 것이다.

이 기술을 좀 더 배우기 원하는 상담자에게는 모턴 켈시의 책 《내적 모험, 일기를 통한 그리스도인의 성장》(Adventure Inward: Christian Growth Through Personal Journal Writing)을 권한다.

우리의 감정을 되살리는 방법

과제를 내주는 것은 억압된 기억에 연결된 진정한 감정을 인식하도록 돕기 위해서다. 이 과정에서 피해야 할 가장 미묘한 함정은 "무감각한 분석"이다. 그 함정에 빠지면 전혀 과학적 근거가 없는 심리 분석이 되어버리기 때문이다. 여러 차례 상담하다 보면 내담자는 매우 고통스러운 과거를 꾸밈없이 묘사할 수 있다. 그들은 머릿속으로 그 모든 것을 분석하고 해결하려고 애쓴다. 그러나 결국 아무것도 달라지지 않는 것을 발견한다. 단지 매우 흥미로운 지적, 영적 게임일 뿐이다. 모든 것이 머릿속에서만 일어났을 뿐 그들의 마음과, 살아가는 방식에는 영향을 주지 않은 것이다.

이러한 치유 과정에서 생각의 역할을 깎아 내리려는 것은 아니다. 우리는 "전인"이라는 성경적 개념을 계속 강조해 왔다. 여기에는 확실히 우리의 생각도 포함되어 있다. 생각을 다시 조정하고 마음을 새롭게 하여 우리를 완전히 바꿔 놓을 때가 올 것이다. 어떤 그리스도인에게는 이러한 방법을 바로 적용하여 그리스도 안에서 그가 지닌 모든 잠재력을 깨닫도록 도울 수 있다. 그러나 감정적인 장애가 치유되기 전까지는 그렇게 될 수 없는 사람도 있다는 것을 기독교 사역자들은 깨달아야 한다.

상처받은 사람을 상담하면서 "당신의 유일한 잘못은 잘못된 생각입니다"라고 하거나 "육신에 따라 살지 말고 성령 안에서 의로운 삶을 되찾아야 합니다"라고 한다면, 그들에게 죄의식을 증가시키고 절망감만 깊어지게 할 뿐이다. 나는 이처럼 손쉬운 방법으로 떠밀려가는 데 환멸을 느끼는 그리스도인들이 정상적인 삶을 되찾을 수 있도록 돕는 데 많은 시간을 보냈다. 치유되지 않는 것은 그들이 간절하지 않아서도, 하나님께 능력이 부족해서도 아니다. 그들을 완전하고 거룩하게 만들기 위해 하나님 자신이 세우신 법칙을 범하실 수 없기 때문이다. 먼저 내담자가 자신 안에 깊이 파묻힌 부정적인 감정들을 밖으로 끌어내 해결해야 한다.

다시 강조하자면, 숨겨진 감정들을 끄집어내는 것은 매우 중요하다. 많은 사람이 감정을 조절하지 못할까 봐 이러한 과정을 매우 두려워한다. 그래서 머릿속으로만 그 감정을 간직하고 분석하고 싶어한다. 그리고 계속 이렇게 말한다. "그렇지만 이유는 알고 싶어요." 이런 모습들은 그들이 더 방어하게 만들고, 그들의 단단한 성향 더 깊숙한 곳으로 진짜 감정을 쫓아버린다. 그렇기 때문에 내담자에게 과제를 줄 때에는 그러한 감정을 겉으로 드러내는 것이 중요하다고 계속 강조해야 한다.

여러 해 동안 나는 피상담자들에게 중요한 진리를 많이 배웠다. 그들은 숨겨진 기억과 얼어붙은 감정을 되살려 내는 방법을 제안해 왔다.

한번은 어느 젊은 여성에게 평소처럼 읽고 쓰는 과제를 내주었다. 그리고 우리가 다시 만나기 전까지 그녀는 휴가를 보내기 위해서 고향을 찾았다. 그런데 성령께서 다락방에 쌓아 둔 옛날 가족사진들을 아기 때부터 현재까지 연대별로 정리하고 싶은 마음을 주셨다. 한참 재미있게 정리하다가 그 여성은 사진에서 매우 눈에 띄는 변화를 발견했다. 활발한 아기 사진에서 행복한 어린 소녀로 이어지다가 어느 순간 달라지기 시작한 것이다. 포즈와 표정이 눈에 띄게 달라졌고, 특히 얼굴에는 어떤 비밀스러움과 슬픔이 엿보였다.

사진들을 차례로 나열해 놓고 왜 이런 변화가 생긴 것인지 궁금해하다가 그녀는 극심한 걱정과 두려움에 떨기 시작했다. 몇 년 동안 생각에서 밀려나 있던 기억들이 다시 밀려들어 온 것이다. 상담 과정에서는 뚜렷하게 드러나지 않았는데, 사진을 분류하기 시작하면서 동성애자인 보모에게 성희롱당한 매우 고통스러운 경험을 끄집어낼 수 있었다. 사진을 보면 확연하게 눈에 띄었기 때문에 고향에서 돌아와 상담을 받으며 치유되는 단계로 들어서는 것은 그리 오래 걸리지 않았다. 그때부터 나는 내담자에게 옛날 사진이나 가족사진, 고등학교나 대학교 때 사진을 보기를 권한다. 왜 이렇게 되었는지 기억을 되살릴 수 없는 상황에서는 사진을 사용하는 것이 매우 도움이 되었다.

고통스러운 기억과 연관된 장소를 찾아가는 것도 숨겨진 감정을 되살리는 데 도움이 된다. 고통스러운 기억과 연결된 고향이나 학교, 심지어 교회를 통해서도 성령께서 고통을 끄집어내실 수 있다. 한번은 자신의 과거 때문에 죄의식과 자기 경멸로 가득 차 있던 한 이혼녀가 사춘기 시절에 그 모든 것이 시작된 장소로 찾아갔었다며 이렇게 말했다. "혼자 운전해서 그날 밤 우리가 주차한 곳에 차를 주차했어요. 그리고 제 자존감을 내던져 버렸던 차의 뒷자리에 앉아 울면서 하나님께 간구했죠. 이 기억이 가져다주는 고통을 사라지게 해달라고요."

현재 그 여성은 한 목사의 사랑스러운 아내가 되었다. 그리고 새 생명을 찾으려고 애쓰는 상처받은 십 대들과 젊은 이혼녀들을 돕는 특별한 사역을 하고 있다. 이제 그녀는 하나님께 치유받은 훌륭한 조력자다.

상담하기

과제를 진지하게 대하는 사람들은 성취될 수 있는 것이 많긴 하지만 그렇더라도 혼자 힘으로는 치유될 수 없다. 성경이 말하는 치유의 원칙은 서로 고백하고 기도하는 것(약 5:16)인데, 이것은 상담자의 도움이 필요함을 강조한다. 건강하지 못하고 파괴적이던 과거의 인간관계는 사람의 인식을 왜곡시킨다. 따라서 현재 건강하고 건설적인 관계를 세우기 위해서는 왜곡된 인식을 정당하고 올바르게 회복하는 일이 당연히 필요하다. 그렇기 때문에 상담자와는 반드시 건강한 신뢰 관계를 맺어야 한다. 나는 상담자를 성령의 "일시적 보조자"라고 정의한다. 이때 "일시적"과 "보조자"라는 두 단어가 중요하다.

모든 기독교 상담의 목적은 내담자가 정서적, 영적으로 성장하여 위대한 상담자인 성령과 직접 관계를 맺을 수 있도록 돕는 것이다. 그렇기 때문에 상담자는 "보조사"다. 또한 상담자에게 의존하는 것은 결코 영원하지 않기 때문에 "일시적"이다. 만약 상담자에게 계속 의존한다면, 상담 자체는 해결 수단이 아닌 또 다른 문제가 되고, 치료가 아닌 질병이 된다. 상담은 일시적인 수단이며, 그 목적은 성령을 온전히 의뢰하게 하는 것이다.

물론 치유 과정에서 상담자가 그리 중요하지 않다는 말은 결코 아니다. 역사적으로 볼 때 하나님은 사람을 사용하신다. 그분의 일을 행할 뿐 아니라 그분의 성품을 사람들에게 보여 주는 중개자로서, 하나님과 인간 사이의 틈을 메우기 위한 보조자로서 사용하시는 것이다. 많은 사람은 자신을 두려움에 떠는 아이라고 느낀다. 그리고 그들 옆에는 하나님이 분명히 함께하신다는 말로 진정시키려 애쓰는 엄마가 있다. "엄마, 그건 저도 알아요. 하지만 전 피부로 느낄 수 있는 하나님이 필요해요." 상담자는 바로 이 필요를 충족시킨다. 많은 내담자가 상담자와의 관계를 통해 안정되고 믿을 만한 진정한 사랑, 용납하면서도 대결적인 그런 사랑을 생애 처음으로 경험한다. 그래서 상담자가 "존재한다"는 것 자체가 치유의 첫걸음이다.

그러나 상담자가 "행하는 것"도 매우 중대하다. 여기서는 "들어주는 것"에 대해서는 상세하게 다루지 않는다. 상담자 역할을 하는 사람들, 즉 목회자나 교회학교 교사, 다양한 교회 사역자나 믿음직한 친구 등은 듣는 기술을 발달시켜야 한다. 다행스럽게도 그것은 배울 수 있고 훈련할수록 향상된다. 누군가가 우리에게 마음을 열고 들려주는 말을 단순히 듣기만 했는데 놀랍게도(우리는 거의 아무 말도 하지 않았기 때문에) "대단히 고마워요. 당신은 제게 큰 도움이 되었어요"라는 인사를 들은 경험이 있을 것이다. 반드시 기억해야 할 것은 아마 전에는 그 사람에게 관심을 기울이고 그의 의견을 존중해 주는 사람이 없었으리라는 것이다.

우리는 예민하게 들어야 한다. 즉 귀로 들을 뿐 아니라 눈으로도 들어야 한다. 몸으로 표현하는 언어에 주목하라. 운다든지, 얼굴과 목을 붉혀 가며 복받치는 감정을 애써 감추고 한숨 짓는다든지, 아무것도 느끼지 않으려고 그냥 말을 많이 한다든지 하는 것들을 유심히 살펴야 한다. 자신이 이야기하는 것과 전혀 맞지 않는 뻔뻔스런 웃음을 짓는 사람도 있다. 이렇게 되면 혼란스러울 것이다. 그러나 기억하라. 그런 웃음은 매우 희망적인 표시다. 웃음은 감춰져 있는 깊은 감정에 연결되어 어찌할 바를 모르고 있다는 것을 뜻한다. 웃음은 받아들일 수 있는 감정이다. "용감한 아이는 결코 울지 않는다"고 해서 흔히 부정적인 감정은 표현하지 않는다. 그러나 "마음속으로는 울어도" 항상 웃을 수 있다. 사람을 온화하게 대하는 것을 두려워하지 말고, 당신이 받고 있는 인상에 유의하면서 그들을 도우라. 자기 인식에서 중요한 부분은 그들이 말하고 행동하는 저변에 깔린 의미를 "이해하는 것"이다.

또한 이야기를 들으며 열심히 기도해야 한다. 조심스럽게 이야기를 듣는 동안 마음 깊은 곳에서는 성령으로 분별할 수 있도록 이리저리 영적 레이더를 사용해야 한다. 당신과 이야기하고 있는 사람의 영과 당신의 영에 예민해야 하지만, 그 이상으로 하나님의 영의 내적 음성을 잘 듣기 위해 기도해야 한다. 그러나 당신이 들은 음성은 틀릴 수도 있다. 따라서 당신이 받은 느낌을 겸손하게 처리해야 한다는 것을 기억하라. 어떤 사람들은 자신이 틀림없는 "하나님과의 핫라인"을 가지고 있다고 생각해서, 그 느낌을 매우 빠르고 솔직하게 사용한다.

어느 평신도가 위대한 뉴잉글랜드 설교가 조세프 파커를 찾아갔을 때 사무실에서 초조하게 왔다 갔다 하던 그의 이야기를 나는 자주 떠올린다. 파커를 보고 평신도가 물었다. "파커 박사님, 왜 그러세요?" 그러자 파커는 이렇게 대답했다. "나는 급한데 하나님은 그렇지 않으시거든요!" 당신은 기도하며 성령과 협력해야 하지만 그 느낌들이 정말 하나님에게서 온 것인지 "영들을 분별"(요일 4:1)해야 한다.

나는 "서두르는 것은 대부분 잘못된 것"임을 깨달았다. 반면 조심스럽게 기도하며 묵상하고 나서는 하나님의 인도하심에 순종하기를 두려워하지 말라. 많은 경우, 직접 언급하지 않았지만 그들의 진짜 문제가 무엇인지 분별하도록 성령께서 나를 도와주시는 것을 느꼈다. 그리고 (매우 괴롭지만) 결국 그들에게 나누었을 때 실제로 그 문제가 가장 치유되어야 하는 것임이 증명될 때가 많았다.

재생, 역할극, 지도하기

전문 상담자가 아닌데도 많은 목회자와 평신도가 상담자 역할을 해야 할 때가 있다. 여기서는 치유 과정에서 매우 중요한 역할을 할 수 있는 이러한 비전문인들에게 유용한 내용을 소개하고자 한다.

기억을 치유하기 위한 상담을 준비하는 데는 우리가 얻을 수 있는 인간의 모든 지혜와 기술, 그리고 그와 더불어 성령의 분별력이 요구된다. 내담자가 정말 떠올리기 싫어하는 기억을 끄집어내거나 오랫동안 회피해 온 괴로움을 직면하도록 도와야 하기 때문이다. 그래서 조심스럽게 기도하며 듣는 것 말고도 우리가 보이는 반응이 이 과정에서 매우 결정적일 수 있다.

내담자들은 흔히 자신이 진짜 말하고 있는 것이 무엇인지 잘 알지 못한다. 이때 상담자는 자신이 들은 것을 그들에게 직접 말해서는 안 된다. 그보다는 내담자가 한 말의 진정한 의미를 깨닫도록 도와야 한다. 이렇게 하면 내담자들은 자신이 느끼고 있는 것을 알게 되고, 훨씬 효과적으로 기도할 수 있다.

상담자가 중요한 실마리를 찾아냈을 때 내담자가 같은 식으로 들을 수 있도록 다시 알려 주는 재생의 기술을 배워야 한다. 7장에 래리가 치유된 이야기를 소개했다. 이 이야기는 주의 깊게 듣고 재생시켜서 숨겨진 필요를 알아낸 사례를 설명해 준다.

내담자가 감정을 떠올리도록 돕는 또 다른 방법으로 역할극이 있다. "그 사람에게 말할 기회가 허락된다면 진짜 하고 싶은 말이 무엇인가요?"라든가, "기회가 생긴다면 정말로 무엇을 하고 싶었어요?" 등의 질문을 하라. 내담자가 하고 싶은 말이 있다고 하면, 당신을 그때 관련자라고 생각하고 당신에게 직접 이야기하라고 하는 것이 효과적이다. 아마 그들은 제3자처럼 "저는 ……라고 말하고 싶었어요"라고 말하려 할 것이다. 그 대신 그들이 직접 당신에게 말하게 하든지, 빈 걸상을 가져다 놓고 그 당시 관련자가 앉아 있다고 가정하고 말하게 하는 것이 좋다. "아빠(엄마), 제가 어떤 기분인지 들어주면 좋겠어요"라든가 "OOO, 당신이 나를 상당히 배척하고 있는 것 같아요"라는 식으로 말하게 하는 것이다.

역할극은 내담자에게 강요하기보다는 대화를 하다가 자연스럽게 연결되어야 한다. 역할극은 원래 상황에서 실제로 느꼈던 것을 깨닫게 해주는 강력한 도구다. 그들은 흔히 말하는 동안 고통스러운 감정이 터져 나오면 몹시 놀란다. 역할극을 하면서 분노가 터져 버린 한 내담자가 내 옷을 잡아당기는 바람에 코트 단추를 여러 개 잃어버린 적도 있지만, 그 일은 그럴 가치가 있었다.

우리는 내담자가 기억과 의미와 느낌을 떠올리도록 지도해야 한다. 이것은 모두 중요하다. 기억과 의미와 느낌을 잃어버리기 전에 간직해야 한다. 이것은 3장에서 이야기한 사실을 심리학적인 측면에서 이야기하는 것이다. 먼저 자신에게 시인하지 않은 것은 하나님께도 자백할 수 없다. "그리스도인, 특히 성령 충만한 그리스도인은 그렇게 느껴서는 안 돼"라는 생각 때문에 자신의 감정을 완강하게 부인하는 것을 보면 매우 놀랍다. 이러한 태도는 현실을 부인하는 것이며, 진실하지 못한 것이다. 그 감정을 빛 가운데로 내놓을 때까지는 진리의 영이신 성령께 치료받을 수 없다.

진실한 감정을 깨닫게 하는 것의 중점은 기분을 좋게 해서 감정적인 해소를 가져오는 심리적 "감정 치료"가 아니다. 자백과 회개와 용서라는 성경적 기본 원리에 따르는 것이다. "자백하다" (confess)라는 단어는 고대 영어인 "con"과 "fess"에서 유래된 것으로 "함께"(con) "말하다"(fess)라는 뜻이다. 자백이란, 하나님이 우리 삶에서 이미 알고 계셔서 말씀하신 것을 이제 내가 하나님과 함께 알고 말하는 것이다. 상담 시간에는 그들이 그렇게 하도록 도와야 한다. 우리는 통찰과 인식을 통해 내담자를 자유롭게 하는 진리를 깨닫게 한다. 더 나아가 구속하고 치유하는 능력으로 그들을 참으로 자유롭게 하시는 그리스도를 알도록 돕는다(요 8:32, 36).

마지막 과제

내담자와 함께 이야기를 나누고 앞서 설명한 과제를 할 수 있을 만큼 모두 했다고 생각되면, 마지막 과제를 내준다. 지금까지 상의하고 기도해 온 모든 것을 토대로 내담자에게 기도 목록을 만들게 하라. 이 목록에는 감정적, 영적으로 주된 장애 요인이자 가장 고통스럽고 거듭 떠오르는 기억들을 포함해야 한다. 아주 자세히 적을 필요는 없다. 기억하고 기도할 수 있을 만큼 짧은 구절이나 문장이면 충분하다. 이름, 사건, 태도, 분위기를 기억할 수 있도록 가능하면 명확하게 목록을 기록해야 한다.

어떤 사람은 그것을 "샌드백"이라고 불렀다. 그 이유를 물었더니 이렇게 설명했다. "제게 매우 많은 상처를 입혔던 사람들이라 정말 미웠어요. 그래서 그 사람들을 마구 때리고 싶었고요." 과장해서 한 말이지만, 그의 말을 통해 우리는 이 목록 마지막에 무엇을 포함해야 할지를 알 수 있다. 내담자는 목록을 작성해서 가져와야 한다. 그리고 기도하는 동안 기꺼이 성령께 인도되겠다는 마음도 함께 따라와야 한다.

상담자 준비 사항

내담자가 준비되었다면, 이제는 결정적인 기도 시간을 위해 상담자가 준비할 차례다.

첫째, **모든 기록을 검토하라.** 상담 기간에 적어 놓은 것들과 내담자를 위해 기도하면서 떠오른 생각과 느낌을 적어 놓은 것들을 검토해야 한다.

둘째, **감정적, 영적으로 내담자에게 공감할 수 있도록 성령께 간구하면서 묵상하고 기도하라.** 실제로 내담자의 고통에 동참하고 괴로움을 느끼며 "그들의 짐을 지게" 해달라고 기도하면서 그들과 하나가 되어야 한다.

공감을 위해 기도한 후에는 내담자가 치유될 것을 믿어야 한다. 믿음은 "거룩한 상상력"의 한 유형이다. 이것은 우리의 상상력을 활용하여 그들이 과거의 괴로운 쇠사슬에서 자유로워지고 치유되어 그리스도 안에서 온전한 사람으로 변화되고 새로워진 모습을 그려 보며 기도하는 것을 뜻한다.

마지막으로, **기도 시간에 필요한 감정적이고 영적인 힘을 위해 기도하라.** 한 여인을 고치시고 나서 예수님도 힘이 빠져나갔다고 말씀하셨다. 휴겔은 이것을 "기도의 대가로 얻게 되는 피로감"이라고 했다. 모든 상담자는 상담 시간이 얼마나 피곤하고 힘든지 알고 있다. 그러나 기억의 치유를 위한 기도를 인도하는 데 드는 에너지는 그것과 비교할 수 없다. 양쪽 모두를 매우 소모시키는 경험이기 때문에 상담자는 하나님께 육체적, 감정적, 영적 능력을 더하여 달라고 간구해야 한다.

기도 시간

기도 시간은 매우 중요하다. 따라서 그 시간을 올바르게 계획하는 일은 꼭 필요하다. 이 시간에는 서두르지 말아야 하며, 일정이 빠듯해서는 안 된다. 그냥 정기적으로 한 시간 상담하는 일정으로는 안 된다는 뜻이다. 누구도 시계를 봐서는 안 된다. 다른 약속이나 곧 시작할 다른 모임 때문에 상담자가 초조해서는 안 된다. 이러한 것에서 자유롭기 위해 나는 적어도 두 시간 정도 여유를 두어 일정을 짠다.

이제 기억 치유 과정을 단계적으로 살펴보자. 충분히 준비된 내담자와 실제로 상담하는 것처럼, 예를 들어 상세히 묘사하면서 기도 시간을 설명하고자 한다.

기도 시간을 시작할 때

먼저 내담자에게 기억 치유의 기본이 기도임을 상기시키거나 설명하는 것으로 시작하라. 예수 그리스도가 주님이며, 따라서 시간의 주인도 그리스도이심을 상기시키라(3장에서 "지금도 도우시는 그리스도를 인정하라" 부분을 참조하라). 예수님이 당신과 함께 과거로 되돌아가 그때 그분께 간구했다면 예수님이 그 상황을 어떻게 다루실지를 설명하라. 그리고 그 이유를 다시 한 번 확실히 설명하라. "진짜 문제는 이미 성장한 어른에게 있는 게 아닙니다. 그렇기 때문에 우리는 과거로 돌아가 진짜 치유되어야 하는 그곳에서 당시 아이였을 당신을 예수님이 치유하시게 해야 합니다. 되도록 당신이 지금 상처받은 어린아이(또는 젊은이, 또는 어른)인 것처럼 하나님께 말하면 좋을 것 같습니다."

그 다음에는 이렇게 설명하라. "자유롭게 대화체로 기도하세요. 평소에 서로 이야기하듯 터놓고 하나님께 이야기하세요. 미사여구에 신경 쓰지 마시고요, 결말이나 끝맺음도 필요 없습니다. 마치 그분이 바로 여기에 우리와 함께 앉아 계신 것처럼 단지 그분께 이야기하면 됩니다. 만약 당신이 지나치게 부정적이거나 자신이 얼마나 나쁜지를 말하는 등, 원점에서 빗나가고 있다고 느끼면 제가 아무 때든 당신의 기도를 멈추게 할 겁니다. 또는 성령께서 주시는 새로운 통찰이나 분별력을 지적할지도 몰라요. 당신도 기도하다가 잠깐 멈추고 자유롭게 준비해 온 목록을 보거나, 질문을 하셔도 됩니다. 여태까지 기억나지 않았던 것을 성령께서 상기시켜 주셨다면 그 내용을 이야기하셔도 되고요."

하나님에 대한 왜곡된 개념이 그들이 지닌 문제의 핵심이라면,

가장 편안하게 생각하는 하나님의 이미지를 찾도록 도와주어 마음에 생생하게 그릴 수 있도록 도와야 한다. 그들은 하나님께 매우 사적으로 이야기할 것이기 때문에 이 점은 중요하다. 이상하게 들릴지 모르지만, 나는 종종 사람들에게 하나님과 예수님 중 어느 분께 이야기하는 것이 더 편하냐고 물어본다. 그러면 대부분 이렇게 말한다. "예수님이 더 편하죠. 하나님은 조금 두렵거든요." "예수님은 괜찮은데 하나님은 못 견디겠어요." 간혹 반대로 대답하는 사람도 있다. "글쎄요, 예수님은 아주 가까워서 마치 실제 같아요. 반면에 하나님은 더 멀리 계신 분 같아서 조금 안전하게 느껴져요."

부모와 올바른 관계를 맺지 못하고 상처가 있는 내담자와 기도한다면, 하나님을 "아버지"라고 부르지 않는 것이 좋다. 근친상간의 희생자인 여성과 오랫동안 기도한 적이 있다. 기도가 끝날 무렵, 갑자기 그녀가 하나님을 "하늘에 계신 아버지"라고 부르기 시작했다. 그러더니 흐느껴 울면서 "오, 하나님, 태어나서 처음으로 당신을 아버지라고 불러보네요"라고 말했다. 때로는 조금 중립적인 용어인 "주님"이라고 부르는 것이 적합하다. 어찌되었든 대부분 이 기도 시간에는 마음속에 예수님의 이미지를 그리는 것을 편안해 한다는 것을 발견했다.

무엇을 기도할 것인지 확실히 하라. 필요하다면 그들이 목록보기를 주저하지 말고, 당신에게 이야기한 그대로 하나님께 말해야 한다. 어린아이 때든 사춘기 때든 젊을 때든, 그때 느꼈던 것을 묘사하고 그 경험을 되살리며 느끼고 있는 것을 하나님께 꼭 말하도록 해야 한다.

상담자의 시작 기도

나는 늘 기도로 시작한다. 정해진 형식은 없지만 보통 이런 내용을 담아 기도한다.

"주 예수님, 이 시간 당신 앞에 우리 마음을 조용히 내려놓습니다. 당신이 우리 대화에 함께하셔서 우리가 말한 모든 것을 알고 계실 줄 압니다. 우리가 자신을 이해하는 것보다 우리를 더 잘 아시니 기쁩니다.

주님, 당신의 도움이 필요합니다. 우리는 어떻게 기도할지 모르기 때문입니다. 그럴 때는 말씀에 약속하신 대로 주님이 우리 마음에 성령을 보내셔서 우리를 통해 기도하실 줄 압니다. 심지어 우리가 무엇을 기도할지 모를 때에도 우리의 한숨, 신음, 고통을 기도로 바꾸실 것입니다. 바로 지금 OOO의 마음에 오셔서 그를 위해 기도해 주시길 간구합니다. 그에게 기도할 적당한 말을 주시고 다시 들추어내야 할 바로 그 감정을 일깨워 주십시오.

이제 주 예수님 앞에 OO살 난 어린 OOO를 데리고 옵니다. 많은 고통의 원인이 된 것들에 대해 이 아이가 당신께 말씀드리고 싶어합니다. 당신이 들으실 것을 믿고 OOO와 함께 당신 앞에 나아갑니다."

그러고는 마음속에 담아 둔 것들을 모두 예수님께 말씀드리라고 격려한다.

내담자의 기도

대부분 곧 내담자가 기도하기 시작한다. 그러나 침묵이 길어진다면 인내를 가지고 기도하며 기다릴 준비를 하라. 상처가 매우 구체적이라면 내담자는 보통 어린 시절에 일어난 몇몇 사건으로 기도를 시작할 것이다. 그러나 만약 분위기나 환경에 관한 것이라면 일반적인 인상으로 시작해서 구체적인 것으로 되돌아 갈 것이다. 어찌되었든 이 모든 것은 그들에게 달려 있다. 마음에 가장 먼저 떠오르는 것이 무엇이든 거기에서 시작해야 한다.

이 기도 시간을 규격화하거나 형식화할 수는 없다. 그렇기 때문에 많은 상담자가 기억의 치유 과정을 두려워한다. 방향성을 항상 통제할 수 있는 것도 아니고, 내용도 예측할 수 없다. 솔직히 조금은 놀랄 수도 있다. 그래도 상담자는 그저 "성령 안에서 침착"해야 하며, 거의 어떤 경우든 준비가 되어 있어야 한다.

때로 내담자가 기도 가운데 진정으로 마음을 열기까지는 오랜 시간이 걸린다. 그들의 기도를 중단시키거나 방향성을 다시 잡아 주는 것을 두려워해서는 안 된다. 평소와 다름없는 기도를 하고 있거나 고통스러운 문제에 직면하는 것을 피하는 것 같다면, 기도하는 도중이라도 그들이 원래 감정을 되살리도록 도와주기 위해 노력하라.

지도와 격려를 함께하는 것이 가장 합리적이다. 다음과 같이 말하는 것이 도움이 될 것이다. "그 일이 일어났을 때 당신이 느낀 것을 예수님께도 이야기해 볼래요?" "그 일에 대해 하나님께 말할 때 느끼는 감정들을 두려워하지 마세요. 마음 놓고 표현하세요." 감정을 억제하려고 애쓰는 것 같으면 이렇게 말하라. "서두르지 마세요. 잠시 그 기억에 머물러서 느껴보세요. 표현되지 않은 많은 고통이 있는 것 같으니까요." 내담자가 흐느껴 울면서 감정이 격해지면 마음속으로 조용히 기도하며 인내를 가지고 기다리라. 내담자가 자신의 가장 깊은 상처를 주님께 나누는 순간이 가장 중요하다. 결코 서두르지 말라.

때때로 성령이 분별력 있는 공감을 깊이 전해 주시는 것을 느낀다면, 당신이 마치 내담자인 것처럼 "우리"라는 단어로 기도하면서 내담자의 처지에서 자유롭게 기도하라. "오, 주 예수님, 우리가 어떻게 느끼는지 압니다. 우리는 정말 OOO가 죽기를 바랐습니다." "우리는 몹시 부끄러웠고 죄책감으로 죽고 싶었습니다." "주님, 당신에게 정말 화가 났습니다. 우리 어머니를 빼앗아 간 당신을 증오했습니다. 어머니는 우리가 가진 모든 것이었으니까요." 이렇게 접근하는 것은 내담자에게 사랑해야 할 사람이나 하나님에 대한 그들의 적대감을 직면하고 그것을 공개적으로 말할 수 있는 용기를 심어 준다.

어느 순간 내담자가 기도하다가 잠잠해진다면, 문제나 감정을 확실히 하는 질문을 던지는 것이 도움이 된다. "여기서 진짜 문제는 무엇인 것 같으세요?" "OOO보다 더 깊이 관련된 사람이 있는 것 같은데요. 성령께서 이것에 대해 당신에게 하시는 말이나 느낌이 있나요?" 이 질문에 내담자들은 다음과 같은 단어로 대답했다.

버림받다	수치스럽다	가치 없다
철저히 혼자 남다	더럽다	절망적이다
전멸되다	불공평하다	희망 없다
공포에 질리다	함정에 빠지다	녹초가 되다
쓰레기 같다	배척받다	배반당하다

내담자가 어떤 상황을 다시 경험했을 때, 그때로 다시 돌아간다고 놀라지 말라. 그들의 목소리는 어린아이 같아질 수도 있고, 그때처럼 말하고 행동할 수도 있다. 그때 할 수 없었던(또는 허락되지 않았던) 말을 이제 표현할지도 모른다. "엄마(아빠), 제발 나를 떠나지 말아요"라거나 "때리지 말아요"라거나 "그러지 말아요"라는 식으로 말이다.

그리고 그때 관련된 사람이나 당신, 또는 하나님께 다음과 같은 질문을 쏟아 낼 수도 있다.

"그 사람이 내게 어떻게 그럴 수 있죠?"

"나를 원하지도 않았으면서 왜 나를 입양했어요?"

"이런 일이 일어날 때, 하나님은 어디 계셨어요?"

"나를 사랑한다고 말하면서 어떻게 그럴 수 있었나요?"

"내가 어떻게 그런 일을 할 수 있었을까요?"

"왜 그랬는지 알 수만 있다면 좋으련만!"

이 질문들은 많은 것을 대변한다. 이 질문들은 모든 것을 이해해 보려는 시도를 나타낸다. 그러나 이것은 순전히 지적인 수준에서만 통제하려는 것뿐, 그 고통은 결코 직면하지 않으려는 것이다. 아니면 이 질문들은 가장 내밀한 감정들을 표현하고 있는지도 모른다. 하나님이나 다른 사람, 자신에 대한 큰 분노나, 무엇보다 어떻게 그런 고통스러운 경험을 겪어야 했는지 이해하지 못하는 심각한 고민과 같은 감정 말이다.

새로운 기억과 통찰이 떠오를 때

기도 시간에 일어날 수 있는 가장 놀라운 경험은 지금까지 기억 못하던 일들이 떠오르는 것이다. 내담자가 이렇게 말할지도 모른다. "정말 믿을 수 없어요. 전에는 그 일을 전혀 기억하지 못했거든요." "놀랍네요. 이제까지 OO살 이전 일들은 하나도 기억할 수 없었는데 이제 모든 것이 분명해졌어요."

이 새로운 통찰이 기도 시간에서 얻은 가장 중요한 결과일 수 있다. 성령께서 그분의 거룩한 전극으로 우리를 자극하신 것이다. 우리 신경 체계의 신경 접합부에 그분의 빛과 능력을 집어 넣으셔서 뇌와 마음 깊숙한 곳에 강제로 저장되어 있던 기억들을 의식 위로 떠올리시는 것이다. 로마서 8장 27절에서 성령이 "마음을 살피시는 이"로 묘사된 것은 놀랄 일이 아니다. 이것이 바로 우리의 (무의식적인) 마음을 열 수 있는 위대한 상담자인 성령의 초자연적인 역사다. 상담을 하다 보면 종종 내담자와 내가 같은 필요를 느낄 때가 있다. 그렇게 해서 기도하는 동안 새로운 기억이나 확대된 기억이 떠올라 예기치 못한 다른 길이 나타나기도 하는데, 그 길은 결국 우리를 참된 치유의 장소로 인도한다.

조지가 완벽주의에 뒤따르는 영적이고 감정적인 문제에서 흔히 나타나는 증상 때문에 도움을 구하러 왔다. 그는 다른 사람에게 인정받는 것에 예민하고, 주로 "자칭 그리스도인들"의 결점을 보면 화를 내며 참지 못했다. 그는 하나님이 전혀 자신을 받아 주지 않으신다고 생각했으며 심한 우울증으로 자주 힘들어 했다. 다만 한 가지, 하나님이 자비롭게도 그에게 따뜻하고 관대하며 이해심 많은 아내를 만나게 해주셨다는 것에는 우리 모두 동의했다. 그러나 완벽주의자에게 흔히 나타나듯이 그는 아내를 진정으로 사랑하고 무엇보다 그 사랑을 표현하고 싶어했지만 애정과 사랑을 받아들이기 힘들어 한다는 문제를 겪고 있었다.

어린 시절, 조지는 몹시 예민한 아이였다. 상담을 하면서 그는 어릴 때 아주 깊은 상처를 받아 사람들을 피하기 시작한 여러 사건을 이야기했다. 그중에서도 해로웠던 한 경험이 그의 기억을 괴롭혔다. 소년 시절, 그는 아버지가 숨겨 놓은 많은 음란 잡지를 보앴다. 그 사실을 부모에게 털어놓았을 때 어머니는 매우 화를 냈고 아버지는 그저 웃으셨다. 나중에 그 일에 대해 조용히 이야기를 꺼내시면서 어머니는 자기 남편을 깎아내렸다. "아버지처럼 추악한 마음을 가진 남자"가 되어서는 결코 안 된다며 성적인 악에 대해 가르쳤다. 이것은 조지가 만든 상처 목록 가운데 하나였다. 기도할 때 우리는 어릴 적 상처를 열거하면서 그를 배척했다고 느낀 친구나 다른 사람들을 용서했다. 그리고 음란 잡지 사건을 두고 함께 기도하기 시작할 때 부모를 용서하고, 오랫동안 그들에게 품어온 분노를 용서받을 수 있었다.

그런데 기도하는 중에 조지가 현재 생활과 결혼에 영향을 준 진짜 기억들로 보이는 다른 기억들을 떠올렸다. 그가 잡지들을 보면서 성적으로 흥분된 동시에 그것에 대해 매우 "더럽게" 느꼈다는 것을 억눌렀다는 사실이다. 그의 어머니가 한 설교는 이런 감정들을 더욱 깊은 곳에 숨겨 놓도록 몰아갔다. 그는 자신에게 일어나는 청소년의 성 발달을 받아들일 수 없었다. 성에 대해 지나치게 고상한 척하고 다른 사람을 극단적으로 비판하며 혼자 의로운 척하기 시작했다. 고등학교 시절, 임신한 어느 여학생을 그리스도인답지 않은 태도로 잔인하게 대한 것이 갑자기 떠올랐다. 그 여학생은 조지를 그리스도인 친구로 여겨서 간절하게 도움을 구했지만, 그는 바리새인처럼 그녀를 배척했다.

그후에도 비슷한 사건이 여러 번 있었던 것을 기억하면서 그는 비판적이고 극단적인 완벽주의의 진면목을 보기 시작했다. 그리고 비로소 자신이 왜 아내의 사랑과 애정을 받아들이지 못했는지 깨달았다. 그는 자신을 아내보다 나은 그리스도인이라고 여기면서 도덕적으로 우월하다는 거짓된 우월감에 빠져 있었다. 이러한 새로운 기억과 통찰을 통해 우리는 상처받은 바로 그곳에서 기도하며 치유받을 수 있었다. 그후 약간의 후속 조치와 조지의 노력으로 그의 영적인 부분과 결혼 생활은 눈에 띄게 달라졌다. 이 모든 것은 우리가 기도하는 동안 성령께서 억압되어 있던 것을 끌어내셨기 때문에 가능했다.

그리스도께 과거를 맡기라

앞서 언급한 대로 기억 치유의 독특한 점은 주님과 함께 과거로 돌아가 치유가 필요한 특정한 때와 장소에서 우리를 치료해 주시도록 그분께 간구한다는 것이다. 내 책 《어린아이의 일을 버리라》(Putting Away Childish Things) 첫 두 장에서 일반적인 용어로 기억의 치유를 설명하고, 1장 "우리 모두 속에 숨은 아이"에서는 그리스도께서 하시는 일을 몇 가지 살펴보았다. 기억의 치유 과정에서 상담자는 성령의 일시적인 보조자로 최선을 다할 수 있다. 내담자가 자신의 가장 괴로운 기억들을 하나님께 나눈 후 상담자로서 우리가 가장 효과적으로 기도할 수 있는 때이기 때문이다. 우리는 그분의 직접적인 간섭과 치유의 손길이 임하기를 구해야 한다. 되살아나는 기억 속에서 우리가 믿는 예수님이 우리와 함께하셔서 내담자가 찾는 특정한 그때에 그를 보살펴 주시도록 기도해야 한다.

예를 들어 내담자가 거절 때문에 극도로 고통스러워한 경험에 대해 방금 하나님께 말씀드렸다고 하자. 그 사건으로 그는 깊은 굴욕감과 함께 자신이 어리석고 가치 없고 사랑받지 못한다고 느꼈다. 내담자는 감정이 복받쳐 울면서 더 이상 기도하지 못한다.

바로 이때 상담자는 예수님이 어린아이들을 축복하신 것을 떠올리면서 다음과 같이 기도하기에 알맞을 것이다. "주 예수님, 당신의 팔에 어린아이를 안아 주셨듯이 심하게 상처받은 이 자녀를 당신 무릎에 앉히고 안아 주십시오. 그리고 그를 얼마나 사랑하시는지, 그가 입은 큰 상처 때문에 얼마나 마음 아프신지 말씀해 주십시오. 그를 받아 주시고 당신이 그와 함께하는 것을 얼마나 기뻐하는지 알려 주십시오."

이때 선한 목자이신 예수님의 또 다른 아름다운 모습을 상기시켜 주는 것도 도움이 된다. 우리는 이렇게 기도할 수 있다. "선한 목자이신 주 예수님, 당신은 어린 양을 안으시며 그들을 보호하고 사랑하겠다고 약속하셨습니다. 지금 그 사랑이 필요합니다. OOO가 당신의 따뜻하고 부드러운 보살핌을 느끼게 해주십시오. 선한 목자가 어린 양의 찢어진 상처를 씻어 주고 싸매 주듯 그의 상처를 씻어 주고 당신의 향유를 부어 주십시오."

이러한 상상에 깔린 근본적인 의도는 그리스도의 특정한 성품을 내담자가 특별히 필요로 하는 부분에 맞추는 것이다. 그래서 배신감을 느낄 때에는 "사람에게 멸시받고 거절당한" 것이 무엇인지 아시고 사람들의 필요를 채워 주시는 예수님을 떠올리게 한다. 내담자가 버림받은 공포심과 외로움에 사로잡혀 있다면, 모든 제자에게 버림받고 "나의 하나님, 나의 하나님, 어찌하여 나를 버리셨나이까?"라고 외치며 하나님의 임재조차 느끼지 못하는 것을 경험하신 그리스도를 마음에 그려 보게 한다. 그리스도는 결코 우리를 버리거나 고아로 남기지 않겠다고 약속하신다. 그분은 외로움이 어떤지 잘 아시기 때문이다.

성폭행이나 성범죄로 인해 죄의식과 수치심이 뒤섞인 감정으로 가득할 때는 순결하신 예수님을 상상한다. 예수님은 깨끗하지만 얌전한 체하지 않으셨고, 죄는 없지만 비판적이지 않으셨다. 어린 시절의 고통스러운 경험에 대해 우리는 그리스도께 부드럽고 순수한 마음으로 안아 주시길 간구한다. 그분의 확신 있는 속삭임으로 우리의 순결함도 되살아나기 때문이다. 책임을 져야 하는 경험에 대해 예수님이 그들의 어깨를 감싸며 비판하지 않는 용서의 말씀을 해주시길 우리는 간구한다. 십자가 아래 꿇어앉아 그들은 씻김과 깨끗함으로 미덕과 자기 존중의 감정을 회복하는 시간을 보낸다.

자신이 싫어한 부모나 교사, 자신을 무시한 다른 그리스도인에 대해 뒤틀린 기억으로 갈등하는 사람들을 위해 우리는 의기소침한 그들이 예수님 앞에 떳떳하게 설 때까지 예수님이 그들을 높이 들어 올리시길 기도해야 한다. 그리고 나서 예수님은 그들에게 이렇게 말씀하실 것이다. "OOO, 너는 내 사랑하는 자녀요, 너로 인해 내가 매우 즐거워하노라."

　복음서에 나타난 예수님의 실제 사역에 근거하여 그분의 특정 치유 사건과 맞추어 보는 것과 같이 이 "상상력"의 원리를 적용하는 것은 단지 맛보기일 뿐이다.

치유의 핵심, 용서

이제 기억 치유의 핵심인 "용서"를 다루고자 한다. 이때 용서란 용서하는 것과 용서받는 것 모두를 뜻한다. 치유 과정에서 용서의 중요성은 아무리 강조해도 부족하다. 용서는 기도할 때 가장 치열하게 싸워야 하는 부분이자, 상담자가 가장 많은 영적 에너지를 쏟는 부분이다. 또한 상담자가 포기하고 싶은 유혹을 가장 많이 받는 부분이기도 하다. 그런 만큼 대부분 이쯤에서 승패가 판가름 나기도 한다. 이제 용서에 대해 자세히 살펴보자.

　용서가 성경에서 가장 핵심 되는 주제인 것은 분명하다. 하나님과의 관계든 다른 사람이나 우리 자신과의 관계든 모든 관계에서 이것은 사실이다. 우리는 흔히 은혜와 구원에 조건이 없다고 말한다. 인간이 공로를 쌓아야 하는 것이 아니라는 점에서 이 말은 사실이다. 하나님의 은혜를 얻거나 성취하기 위해 우리가 할 수 있는 일은 아무것도 없다. 그분의 사랑이라는 선물은 우리에게 거저 주어지는 것이다.

　그러나 다른 면에서 용서는 우리의 반응에 달려 있다. 물론 반응하고자 하는 능력도 그분의 은혜에 달려 있기 때문에 여전히 그것은 무조건적이다. 하나님의 은혜가 우선하지 않는다면 그 은혜에 "예" 또는 "아니오"로 반응할 수 없다. 그러나 하나님은 은혜의 선물에 반응하기 위해서는 먼저 용서하도록 우리를 창조하셨다.

우리가 진실로 다른 사람을 용서하지 않으면 그분이 우리를 용서하는 것도 불가능하게 만드신 것 같다. 우리가 먼저 용서할 때까지 그분이 우리를 용서하는 것을 보류한다는 뜻에서 그것은 불가능하지 않다. 바울이 고린도후서 5장 18-19절에서 말했듯이 어떤 면에서 하나님은 그리스도의 죽으심을 통해 이미 우리 죄를 용서하셨고 그 용서를 우리에게 거저 베푸신다. 그러나 우리가 용서하지 않으면 그분의 용서를 심리적으로 받아들일 수 없도록 우리를 만드셨다. 신약 성경 전반에 걸쳐 이것은 명백하며, 주님은 이 조건을 거듭 강조하셨다. 그분이 본 보이신 기도에서 이렇게 말씀하셨다. "우리가 우리에게 죄 지은 자를 사하여 준 것같이 우리 죄를 사하여 주시옵고"(마 6:12). 그리고 이 기도에 대해 주석을 붙여 설명하셨다.

> 너희가 사람의 잘못을 용서하면 너희 하늘 아버지께서도 너희 잘못을 용서하시려니와 너희가 사람의 잘못을 용서하지 아니하면 너희 아버지께서도 너희 잘못을 용서하지 아니하시리라(마 6:14-15)

마태복음 18장 23-35절에는 용서하지 않는 종의 비유가 나온다. 이 비유는 화난 주인이 그 죄인을 고통스러운 감옥에 넘기는 것으로 끝난다. 예수님은 그 비유를 이렇게 적용하셨다. "너희가 각각 마음으로부터 형제를 용서하지 아니하면 나의 하늘 아버지께서도 너희에게 이와 같이 하시리라"(마 18:35). 마가복음 11장 25절에서 예수님은 다시 한 번 조건을 세우셨다. "서서 기도할 때에 아무에게나 혐의가 있거든 용서하라 그리하여야 하늘에 계신 너희 아버지께서도 너희 허물을 사하여 주시리라."

하나님은 매우 중요한 이 원리를 모든 대인 관계의 기초로 삼으셨다. 이 원리는 하나님 자신의 본성과 성품에 기초한다. 그리고 우리는 그분의 형상을 따라 지어졌으므로 당연히 우리에게도 그 원리가 적용되는 것이다. 즉 우리는 성경적이고 심리적인 기본적 원리에 대해 이야기하고 있다. 내가 경험한 기억 치유의 모든 것이 이 사실을 확증한다. 용서하지 않고 용서받기 원한다면, 하나님의 도덕적 성품을 범하라고 요구하는 것이다. 하나님은 그러실 수 없을 뿐 아니라 그러지도 않으신다.

이러한 용서의 본질 때문에 나는 늘 감정에 정직하라고 강조한다. 용서를 위한 첫 단계는 분노와 증오의 감정을 인정하는 것이다. 심한 상처를 입었을 때 사람들은 보통 그 상처를 입힌 사람을 증오하는 데서 끝난다. 상처를 파묻는다면 증오심도 함께 파묻힌다. 그러나 하나님은 이렇게 해서는 영원히 헤어 나갈 수 없도록 우리를 만드셨다. 우리의 위장이 깨진 유리 조각을 소화할 수 없듯이 우리는 숨겨진 분노를 속으로 삼키고 융합할 수 없다. 우리는 두 경우 모두 내적으로 많은 불안과 고통을 느낀다! 두 경우 다 심각한 수술이 필요하다. 이런 면에서 기억의 치유는 영적으로 수술하고 치료하는 것이다.

나의 내적 치유 경험

나는 부모님이 돌아가실 때까지 내가 받은 내적 치유를 다른 사람에게 나누지 않았다. 어느 누구에게도 상처를 주고 싶지 않았기 때문이다. 감리교 선교사였던 부모님은 인도에서 40여 년 동안 사역하셨고, 나 역시 인도에서 태어났다. 1981년에 어머니가 돌아가셨고, 아버지는 1984년에 퇴직하신 후 열두 번째로 인도를 방문하셨다가 편찮으시더니 92세에 돌아가셨다. 아버지는 자신이 사랑한 인도에 묻히셨다. 나는 비행기를 타고 가서 병원 침대 곁에서 아버지 생의 "마지막"을 함께 보낸 우리의 마지막 주일을 잊을 수가 없다. 내가 아버지에게 받은 것이 얼마나 많은지는 아무리 이야기해도 부족하다. 육신의 아버지로서 그의 성스러운 생애 때문에 나는 하늘 아버지를 쉽게 믿을 수 있었다.

그러나 어머니와 나의 관계는 달랐다. 우리는 둘 다 신경질적이고 예민해서 처음부터 함께 어울리기 힘들었다. 나는 어머니를 향한 마음을 누구에게도 표현하거나 나눌 수 없었다. 어머니를 사랑하면서도 미워하는 마음 때문에 괴로워하던 어린 시절을 기억한다. 내가 열한 살 때, 우리 가족은 미국으로 돌아왔고, 1년 후 사랑하는 부모님은 나와 동생을 할머니께 맡겨 놓고 다시 인도로 돌아가셨다. 어머니와 멀리 떨어지면서 어머니와의 관계는 더 이상 문제 되지 않았다. 그러다가 십 대 초반에 일어난 회심은 내 삶에 많은 변화를 가져왔다. 나는 어머니에 대한 분노를 해결했다고 느꼈고, 그리스도 안에서 새로운 삶을 살면서 어머니를 훨씬 잘 대할 수 있었다.

나는 늘 천식으로 고생했다. 십 대에 더 나빠지다가 애즈베리 대학 1학년 때에는 몹시 심해서 봄 학기 시험을 치를 수도 없을 정도였다. 열심히 기도했지만 천식이 계속되자 그러려니 하며 천식을 나의 결점으로 받아들였다. 그러다가 헌신적인 그리스도인으로 성장하면서 대학 시절에 성령을 깊이 체험하게 되었다. 또한 선교에 강한 소명을 느꼈다. 하나님이 보내 주신 사랑스런 대학 친구를 아내로 맞이하고 두 개의 학위를 받은 나는 아내와 아이와 함께 선교사로서 인도를 향해 떠났다.

처음 10년 동안은 사역을 잘 감당했다. 그러다가 서른네 살이던 어느 날, 개인 예배를 드리면서 글렌 클라크의 책을 읽고 있었다. 그런데 성령께서 그 책의 한 구절을 눈에 띄게 하셨다. 어떤 천식은 부모에 대한 분노에서 비롯되었을 수 있다는 것이다. '그럴 수 있나?' 그리고 성령께서는 내 마음의 껍질을 벗기셔서 어머니를 향해 깊이 숨어 있는 분노를 기억하게 하셨다. 내가 미처 해결하지 못한 내용들이었다. 사실 수년 동안 그 문제들은 전혀 생각지도 못했다. 성령께서는 내가 하나님께 감정을 솔직하게 보이지 않았다는 것을 알려 주셨다. 2차 세계대전 초기에는 부모님이 인도에 계셔서 떨어져 있었고, 열두 살 때 떨어진 이후 스무 살 생일 아침이 되어서야 다시 부모님을 만날 수 있었다. 그들을 선교사로 부르신 분은 결국 하나님이었다. 나는 사람들이 "부모님이 선교사라니, 정말 끝내주는데!"라고 말하면 우쭐해져서는 그것이 마치 내 영성인 것처럼 여겼다. 그러나 실제로 내 안에서는 외로운 청소년 시기에 대해 분노하고 있었다. 내 친구들은 모두 부모님과 함께 살았고 휴가 때는 부모와 함께 지냈으니까 말이다.

그후 며칠 동안 이런 생각들을 아내와 함께 나누고 기도했다. 나는 그분들을 용서했고 나도 용서받았다. 그리고 미처 알지 못한 아주 깊은 곳에 숨어 있던 분노가 씻기고 치유되는 것을 체험했다. 그러고 나서 뜻밖의 기쁨이 찾아왔다. 하나님이 얼마나 은혜로우신지 깨달은 것이다! 그렇게 씨름하는 동안 우리는 천식에 대해 까맣게 잊어버렸다. 그러나 하나님은 잊어버리지 않으시고 내가 구할 생각도 하지 못한 것을 주셨다. 믿어지는가? 그후로 나는 천식으로 숨을 헐떡인 적이 없다!

솔직히 말하면 나는 이 경험을 나누는 것이 늘 주저된다. 사람들이 육체적인 병에 대해 속단을 내릴까 봐 두렵기 때문이다. 그러나 이것은 단지 내 체험을 나누는 것이며, 성령께서 당신을 위한 진리로 당신을 이끄시리라고 믿는다. 나 개인의 체험을 나눈 중요한 이유는 기억의 치유에서 용서하는 것과 용서받는 것을 강조하기 위해서다.

용서를 위한 중요한 요소들

그렇게 기도하고 씨름하는 동안 성령께서는 내 분노와 용서의 여러 면을 다루셨다.

첫째, **나의 특정 상처들을 살펴보고 모든 분노의 감정을 기꺼이 버려야 했다.** '내가 어떤 식으로든 되갚아 줄 욕망을 은밀하게 품고 있었나?' 처음에는 '그럴 리가 없다'고 생각했다. 그러다가 어머니가 겪은 비극, 즉 수년을 감옥에서 보낸 알코올의존증 아버지와 그밖에 어릴 적 깊은 상처들을 친지에게 듣게 되었다. 나는 어머니가 지닌 신경과민의 원인을 알 수 있었다. 그러나 안다는 것과 용서하는 것은 서로 다른 문제였다. 우리는 우리에게 상처 주는 사람들에 관한 모든 심리적 원인을 밝혀낼지라도 그들에 대한 분노는 직면하지 않으려 할지 모른다.

결국 진짜 내 문제가 무엇인지 깨달았다. 물론 어머니의 배경을 이해하고 어머니를 용서했다. 그러나 먼저 이런 생각이 들었다. "어머니가 내게 상처 준 전부를 한 번만 이야기하자. 어머니가 내게 무엇을 느끼게 하셨는지 알려드리고 싶어. 단지 그뿐이야." 자신이 당한 아픔을 조금이라도 느껴보게 하고 싶은 이런 생각은 분노의 가장 교묘한 형태다. 성령께서는 그 부분을 자신에게 맡기라고 요구하셨다.

어떤 상담자는 일단 가서 그 사람에게 상한 감정을 고백하고 즉시 화해를 시도하지 않는다면, 진정으로 용서할 수 없다고 믿고 그렇게 가르친다. 그러나 이것은 위험한 가르침이다. 그렇게 한 결과 많은 상처가 생기는 것을 보았다. 하나님만이 이런 문제를 해결할 완벽한 때(만약에 있다면)를 알고 계신다. 조이스 랜도프의 《비정상인들》(Irregular People)처럼 어떤 사람에게는 그때가 결코 오지 않는다. 하나님은 화해 문제에 대해 완벽하게 기꺼이 그분께 맡기길 우리에게 요구하시지만 그 시기는 그분께 달렸다. 나의 첫 번째 갈등은 완전히 조건 없이 용서하는 것이었다.

그리고 나서 성령께서 내 마음에 두 번째 문제를 안겨 주셨다. 즉 그후로는 내가 누구이고 무엇을 했는지에 대한 책임은 전적으로 나에게 있다는 것이었다.

그 전까지만 해도 나는 내 실패에 대해 매우 훌륭하게 짜 맞춰진 변명을 해왔다. 마치 백화점 자동문처럼 자동이었다. 사역이나 결혼, 경건 생활 등 무슨 일이든 실패할 때마다 내 마음속에서 자동 변명 장치가 작동하면서 이런 신호가 들어왔다. "네가 실패한 건 그런 어머니를 가졌기 때문이야. 어머니가 네게 그러지만 않으셨어도 너는 괜찮았을 거야. 그건 네 어머니 잘못이지 네 잘못이 아니야." 와! 얼마나 위로가 되는 장치인가! 그것은 내가(즉 "진정한" 내가) 결코 실패하지 않았다는 것을 보증했다. 이 변명 장치 덕에 나는 완벽주의적이고 비현실적인 나의 초자아를 본래대로 유지할 수 있었다. 내가 포기한다면 무슨 일이 일어나겠는가? 그러나 성령은 혹독했다. "기억해라. 네가 어머니를 진정으로 용서한다면 그런 장치는 없어져야 한다. 이제부터는 너 홀로 책임져야 한다." 솔직히 이것이 첫 번째 문제보다 어려웠다.

그러자 세 번째 문제가 나타났는데 내게는 이것이 가장 어려웠다. 나는 마음속 은밀한 방 안에 하나님과의 거래 조건을 숨겨 놓았다. 내가 정말 용서한다면, 내 실패를 전가하는 짓을 그만두고 어머니를 자유롭게 해드린다면, 하나님은 내가 전에 결코 받아 보지 못한 어머니의 깊은 사랑과 격려를 언젠가 경험할 수 있게 해주셔야 했다. 그러나 놀랍게도 성령은 부드러우면서도 강경하셨다. "그런 가능성을 버릴 수 있느냐? 어머니에게 그런 사랑을 받지 못하더라도, 그런 사랑을 결코 받을 수 없더라도, 심지어 어머니가 예전과 크게 달라지지 않을지라도 있는 그대로 용납하고 기꺼이 사랑하겠는가?" 이것은 고통스러운 항복이었다. 주님이 이번에는 내게 과하게 요구하시는 것 같았다.

나중에 내담자들에게서도 비슷한 갈등을 보게 되면서 나는 무엇이 정말 문제인지 이해했다. 나는 약속을 지키는 대가로 나의 용서와 사랑을 드리려 하고 있었다. 그러나 하나님이 우리를 조건 없이 용서하시듯, 우리도 다른 사람에게 그래야 한다. 바울의 위대한 말씀이 내게 매우 도움이 되었다. "서로 친절하게 하며 불쌍히 여기며 서로 용서하기를 하나님이 그리스도 안에서 너희를 용서하심과 같이 하라"(엡 4:23).

마지막으로 **십자가 아래 서서 미래에 대한 모든 요구까지 포기하는 은혜를 받았다.** 그러한 요구들도 분노의 다른 모습이기 때문이다. 그런 후 나는 용서받기를 구한 방법과 같이 대가 없이 완전히 용서해 주었다.

나중에 재조정하는 동안 내가 배운 네 번째 사실을 소개하고자 한다. **영적 성장에 관련된 대부분의 것처럼 용서는 위기이자 과정이다.** 인도로 돌아가 며칠 동안 나는 위기의 시간을 보냈다. 그때 나는 나의 의지로 성령께 순종하고 용서했다. 그러나 후에 옛 감정이 되살아나거나 "원망할 대상 명단"에 새로운 종목을 더하여 묵은 감정이 되살아날 때가 얼마나 많았던지! 용서의 위기는 필요할 때마다 이런 과정을 기꺼이 계속하는 것을 뜻한다.

인간의 다른 감정들처럼 분노는 예측할 수 없고 전혀 예기치 않은 때에 우리에게 찾아온다. 이런 점에서 분노의 감정은 슬픔과 많이 비슷하다.

인도에 있는 동안 큰아들이 세상을 떠났다. 그후 10년 뒤, 나는 모든 슬픔이 사라졌다고 여겼다. 그리고 안식년이 되어 선교 기금 모금 여행을 할 때였다. 하루는 어느 목사님 댁을 방문했는데 그의 아내가 우리 아들과 비슷해 보이는 금발머리 작은 소년을 안고 서 있었다. 나는 나도 모르는 사이에 울고 있었다. 전에 한 번도 만난 적이 없는 그 부인은 자신이 무엇을 잘못했나 싶어 어찌할 바를 몰랐다. 나도 당황한 나머지 내 이상한 행동을 설명해야 했다. 아직 남아 있으리라고는 생각지도 못한 감정에 완전히 습격당한 것이다. 분노도 이처럼 기습적으로 나타날 수 있다.

용서는 되풀이되어야 한다. 옛 분노와 씨름할 때는 하나님께 온전히 정직한 것이 훨씬 낫다. 그 감정을 포기할 수 없고 바꾸기가 힘들다고 솔직히 말하라. 솔직히 나는 우리가 우리의 감정을 바꿀 수 있는지 확신하지 못한다. 우리가 할 수 있는 것은 감정을 있는 그대로 인정하고 하나님이 바꾸어 주시도록 기꺼이 우리의 의지를 드리는 것이다.

이때 우리는 이렇게 기도해야 한다. "주님! 제 안에 있는 분노와 증오를 용서해 주십시오. 그러나 저는 그 감정들을 바꿀 수 없을 것 같습니다. 하나님이 바꾸어 주시길 기도합니다. 더 이상 분노하지 않겠습니다. 그러나 분노가 되살아날 때 그 감정을 계속 당신께로 인계하겠습니다. 이런 감정을 계속 품고 싶지 않습니다. 감정을 상하게 하는 사람들에 대해 새로운 감정을 심어 주신다면 그렇게 하겠습니다. 그래서 완전히 용서하고 제 감정을 당신이 변화시키시기를 간구합니다."

이렇게 기도하고 더 이상 분노하지 않겠다고 계속 결단할 때, 하나님이 얼마나 빨리 우리의 감정을 변화시키는지 놀랄 것이다. 상담자는 이 점을 내담자에게 설명하고, 옛 감정이 그들을 공격할 때 사탄이 그들을 정죄해서 패배시키지 않게 해야 한다.

내담자가 실제로 이렇게 기도할 수 있도록 인도하는 것이 얼마나 중요한지 다시 강조한다. "주 예수님, 당신의 은혜로 다른 사람을 용서합니다. 어떤 방법으로든 보복하려는 욕망을 모두 포기합니다. 당신의 손에 그것들을 완전히 내려놓습니다." 이럴 때 부딪치는 싸움을 과소평가하지 말라. 내담자들은 통렬하게 말할지도 모른다. "못하겠어요. 그 사람들을 용서할 수 없어요. 상처를 너무 많이 받았거든요." 그러면 당신은 더 깊은 수준에서 말해야 할 것이다. 그러나 되도록 빨리 기도하는 자세로 돌아와야 한다. 엄밀히 말하면 당신은 공중의 권세 잡은 능력과 씨름하고 있다. 오직 성령만이 그 싸움을 이길 수 있다. 용서하는 은혜가 부어질 때까지 끈질기게 기도하라.

어떤 내담자들은 증오가 성격의 일부가 되어버린 것이 문제다. 이 증오가 그들의 삶이 되어버려서 그것들을 버리기가 어려워지는 것이다. 한 대학생이 부모 중 한 명에게 오랫동안 받아온 상처들을 나누었다. 그녀는 참으로 원망할 것이 많았고 그것을 최대한 사용했다. 이런 문제들을 두고 한참 기도한 후에 그녀는 갑자기 자리에서 일어나서 크게 외쳤다. "아니요. 저는 이 증오를 그만둘 수 없어요. 포기 못하겠어요. 그건 제 전부라고요." 오랫동안 이야기하고 기도했지만 그녀는 포기하지 않았다.

그녀가 대학을 졸업하고 15년쯤 지난 후, 나는 우연히 그녀가 사는 도시에서 설교하게 되었다. 예배가 끝나고 한 여성이 찾아와 자기를 소개하더니 자신의 증오에 관해 함께 기도하던 때를 기억하느냐고 물었다. 나는 그녀를 잊지 않았으며 어떻게 되었는지 궁금했다고 말했다. 그녀는 굉장히 슬퍼하며 대답했다. "선생님이 옳았어요. 저는 두 번 이혼하고 신경쇠약에 걸리고 나서야 증오를 포기했어야 했다는 것을 깨달았거든요."

자신을 용서하기

때로 가장 큰 싸움은 우리에게 상처 입힌 사람들을 용서하거나 우리가 미워한 것에 대해 하나님께 용서받는 것이 아니라, 우리 자신을 용서하는 것이다. 이것은 기도하고 슬쩍 넘어갈 수 없는 측면이다. 상담자는 내담자가 자신을 용서하겠다는 의지를 갖도록 강조하고 계속 그럴 수 있게 인도해야 한다. 특히 이런 점에 힘써서 기도하게 해야 한다. 사람들에게 이렇게 물어보는 것을 주저하지 말라. "당신 자신을 용서할 수 있는 은혜를 달라고 지금 하나님께 간구하겠습니까? 하나님보다 높은 기준을 세우려는 당신의 이상한 욕구를 버리겠습니까? 자신을 정죄하는 권리를 포기하겠습니까? 하나님이 기억하지 않겠다고 말씀하신 것처럼 당신도 다시는 기억하지 않는 은혜를 하나님께 간구하겠습니까?"

내담자가 이러지 못할 것 같다면 상담자는 마태복음 18장 18-20절 말씀대로 우리에게 주신 권위를 행사해야 한다. 개신교도는 로마 가톨릭 신부들의 고해성사와 사죄 남용에 반대해 왔다. 그렇게 해서 우리는 용서를 가져오는 하나님의 도구로서 성령의 일시적 보조자 역할을 하는 성직자의 위대한 특권을 포기한 것이다. 인간이 중재해야 용서받을 수 있는 사람이나 죄가 있다. 우리에게 허락된 은혜의 위대한 수단 두 가지는 성찬과 안수다. 자신을 용서하고 용서받는 일과 싸우는 사람들에게 나는 흔히 그 두 가지를 사용한다. 이러한 목적 때문에 나는 늘 성찬식을 준비한다. 사람들이 이 거룩한 상징에 동참할 때 기적적인 방법으로 용서하는 은혜가 나타나는 것을 보아왔다. 그리고 내담자가 허락하면 나는 손을 얹고 기도하며 예수님이 우리에게 주신 권위를 행사한다. 함께 "진실로 너희에게 이르노니 무엇이든지 너희가 땅에서 매면 하늘에서도 매일 것이요 무엇이든지 땅에서 풀면 하늘에서도 풀리라"(마 18:18)고 기도하길 부탁하고(19절) 이렇게 끝을 맺는다. "OOO님, 이제 치유함을 받으십시오." "용서함을 받으십시오." "당신은 아버지와 아들과 성령의 이름으로 용서받았습니다." 그리고 적당한 때에 하나님이 가르쳐 주신 치유를 감사하는 기도로 모든 순서를 마친다. 내담자는 되도록 그런 기도에 동참해야 한다.

마치는 말과 다음 시간 약속

기도 시간 후 내담자가 돌아가기 전에 해야 할 두 가지가 있다. 먼저 한두 주 안에 반드시 후속 조치로 양육을 위한 시간을 잡으라. 이것은 마지막 장에서 다룰 것이다.

그리고 나서 주의할 사항을 몇 가지 말해 주어야 한다. 나는 이것들을 매우 어렵게 배웠다. 감정적으로 많이 소진되는 경험이기 때문이다. 마치 큰 총알이 발사된 것처럼 그 반동으로 감정적인 행동이 나타날 수도 있다. 그러지 않는다면 반대로 내담자가 무엇을 빼앗긴 것처럼 움츠러들 수도 있다. 심지어 신체 증상들, 즉 심한 두통, 어지러움, 구토, 설사, 심한 피로를 경험할지도 모른다. 여성이라면 때가 아닌데도 월경을 시작할 수 있다. 완전히 녹초가 되었다면 그들을 집까지 데려다 주라. 그중 어떤 것도 일어나지 않을 수 있지만, 그들에게 가능성을 미리 알리고 준비시키는 것이 훨씬 낫다.

    그들을 덮치는 부정적인 감정들은 대부분 믿을 수 없는 것들이며, 며칠이나 일주일 정도 그들을 힘들게 할 것이라는 사실을 강조하라. 그런 감정들이 진정되고 좀 더 믿을 만하고 긍정적인 감정들이 자리 잡기까지는 시간이 걸린다고 알려 주라. 또한 이미 기도한 것에 더 집착하지 말고, 성령께서 더 깊은 곳까지 그들을 치료하시도록 허용하라. 기억을 치유받았다고 해서 더 기억하지 않는 것은 아님을 상기시키라. 기억의 치유는 단지 괴로움과 고통이 기억에서 떠나 더 이상 그들의 삶에 충동적인 영향력을 행사하지 않는다는 뜻이다. 이제 다시 배우고 조정할 수 있으며, 이후 만남을 시작으로 당신은 함께 도울 수 있다.

후속 조치와 유의 사항

치유의 주된 방해물은 "즉시"에 집착하는 것이다. "즉시에 대한 갈망"이 그리스도인들의 사고에 아주 널리 퍼져 있다. 즉시 치유되지 않으면 하나님에게서 온 것이 아니며, 그렇기 때문에 "기적"도 아니라고 생각하는 경향이 있는 것이다. 우리는 시간이 걸리면 초조해하고 낙심한다. 사실 영적 성장과 성숙에는 지름길이 없기 때문에 하나님은 우리의 걸음을 늦추려 하신다. 따라서 기억을 치유하는 고비를 넘긴 후에는 다시 배우고 조정하는 중요한 과정이 뒤따라야 한다.

억압된 채 치유되지 못한 기억이 우리에게 끼치는 가장 파괴적인 영향은 우리의 인식을 왜곡시키고 우리를 잘못된 삶으로 밀어내는 것이다. 그러한 기억에서 고통스러운 독침이 제거되더라도 우리는 여전히 하나님과 다른 사람, 그리고 자신과 관련하여 새로운 길을 찾아야 하는 어려운 과제에 직면한다. 그러나 이제 우리는 그 과제를 성취하기에 훨씬 유리한 위치에 있다. 왜인가? 전에는 이해할 수 없던 느낌이나 행동으로 우리를 밀어내던 것이 무엇인지를 좀 더 확실하게 이해하기 때문이다. 단지 새로운 통찰을 얻었다고 해서 새 삶을 사는 것은 아니다. 그러나 그러한 통찰을 통해 우리 인격에서 기도가 필요한 부분이 어디이며 훈련해야 할 영역이 무엇인지를 좀 더 정확히 밝힐 수 있다.

많은 경우, 먼저 기억을 치유하지 않고 기도와 훈련만 해서는 치유되지 않는다. 마찬가지로 치유 후에 뒤따르는 양육 과정 없이 치유 기도만 해서는 나아지지 않는다. 이런 사람들이 온전해지려면 둘 다 필요하다. 상담자와 내담자에게 양육 과정의 중요성은 아무리 강조해도 지나치지 않다.

10장으로 돌아가 추천도서 목록을 재검토하는 것이 유익할 것이다. 그중 많은 책이 삶을 바꾸고 변화하는 데 매우 도움이 될 수 있다. 그 목록에 덧붙여 다음 작가들의 책들을 적극 추천한다.

A. W. 토저	브루스 내러모어	폴 투르니에
제임스 돕슨	캐서린 마샬	찰스 콜슨
C. S. 루이스	본 회퍼	노만 라이트
얼 저배이	스탠리 존스	게리 콜린스
래리 크랩	찰스 스윈돌	

이 작가들은 탁월한 성경 진리, 심리학적 통찰력, 상식을 두루 갖추었다. 우리의 신경증적인 생활양식을 변화시키려면 이 세 가

지 요소가 모두 필요하다. 또한 목회자와 상담자는 사람들이 성경을 읽고 암송할 수 있는 정기적인 계획을 세우도록 도와야 한다.

우리의 사고방식을 새롭게 해줄 또 다른 값진 자원으로 아름다운 찬송가와 복음송가가 있다. 그 노래들을 외워 둔다면 유혹과 갈등에 부딪치는 시기에 매우 큰 도움이 될 것이다.

일부 복음주의자들은 기도문에 편견을 보이며 반대한다. 그러나 나는 기도를 모아 놓은 책이 사람들에게 기도 방법을 가르치는데 매우 귀중하다는 것을 발견했다. 가장 유용한 것으로 피터와 캐서린 마샬의 기도문이 있다. 그리고 모든 기도문 가운데 가장 뛰어난 것으로 존 베일리의 《날마다 드리는 일기》(A Diary of Private Prayer, 대한기독교서회)가 있다.

기억의 치유 이후에는 소그룹 교제를 통해 새로운 관계를 맺어 나가는 것이 좋다. 교회는 그리스도의 몸으로, 그러한 기능을 가장 잘 감당할 수 있는 곳이다. 어떤 상처는 몹시 깊어서 우리를 있는 그대로 사랑하고 받아들이며 우리가 마땅히 되어야 할 것에 직면하도록 도울 만큼 관심이 있는 후원 그룹 없이는, 결코 완전하게 치유되고 재조정되지 못할 것이다. 때로는 혼자 힘으로 할 수 없다는 것을 인정하고 "치유된 조력자"의 그룹에 마음을 터놓는 모험을 하도록 격려받는 일이 가장 필요하다.

사고방식을 바꾸라

사고방식을 바꾸는 것은 필수다. 다음 목록(표1)은 낮은 자존감과 불합리하고 완벽주의적인 사고방식을 극복하기 힘들어 하는 사람들을 위한 것이다. 이 목록은 대인 관계를 인식하는 옳고 그른 방법을 대조하여 "마음을 새롭게 함으로 변화받는 과정"을 도울 것이다.

표1_ 마음을 새롭게 함으로 변화받는 과정

나 자신	나 자신과 다른 사람들
완벽주의의 원인이자 치유의 장애물로, **그릇되고 불합리하고 비현실적인 가정(假定) 목록**이다.	불합리한 가정을 대체할, **진실되고 현실적이고 성경적인 가정 목록**이다. "옛 사람과 그 행위를 벗어버리고 새 사람을 입는 것"(골 3:9-10)은 재조정의 일부로, 우리의 완벽주의를 치유하는 데 반드시 필요하다.
1. 나는 모든 사람, 특히 내가 중요하다고 여기는 사람들에게 인정과 사랑을 받아야 한다. 2. 나는 어떤 것(또는 모든 것)을 잘해야 한다. 잘할 수 없다면, 아예 하지 않거나 잘할 수 있을 때까지 기다리는 것이 낫다. 3. 나 자신은 물론 다른 사람들도 나를 가치 있게 여겨 줄 때까지 나는 완벽하게 유능하고 성공해야 한다. 4. 내 행복은 나에게 달려 있지 않다. 다른 사람과 외적 환경에 달려 있다. 5. 과거의 경험이나 영향은 바뀌지 않는다.	1. 어떤 일에 성공하든 안 하든 나는 가치 있는 사람이다. 가. 하나님은 내가 얼마나 가치 있고 훌륭한지 말씀하셨다(시 8편; 롬 5:6-8). 나. 하나님이 보시는 "성공"은 사람들이 보는 것과 다르다(눅 10:17-24; 고전 1:25-31). 다. 하나님은 비교와 경쟁을 요구하지 않으신다. 단지 나의 특별한 은사를 "충성스럽게" 행하기를 요구하신다(마 20:1-16; 눅 14:7-11; 롬 12:6; 고전 12:4-27; 행 5:29, 25:14-30).

6. 모든 문제에는 옳고 완전한 오직 한 가지 답이 있다. 만약 그 답을 발견하지 못하면 나는 망신당하고 실패하며 파멸할 것이다.
7. 나는 주변 사람들을 행복하게 해줘야 한다. 그러지 못하면 내가 뭔가 잘못된 것이다.
8. 세상의 잘못을 고치고 불의를 바로잡는 것은 내 책임이다.

다른 사람들

1. 다른 사람들은 내게 친절해야 하고 나를 돌보며 실망시켜서는 안 된다.
2. 다른 사람들은 내 마음을 읽고 내가 필요한 것과 원하는 것을 말하지 않아도 알아야 한다. 만약에 그러지 못한다면 진정으로 나를 좋아하거나 사랑하는 것이 아니다.

하나님

1. 내 됨됨이나 생각, 느낌, 말, 행동이 승인받을 만할 때, 하나님은 나를 용납하시고 사랑하신다.
2. 하나님은 나를 있는 그대로 받아주시겠지만 그것은 단지 내가 생각하고 느끼고 말하고 행동하는 것이 잘못되지 않을 때만 그렇다.
3. 하나님은 은혜로 나를 구원하시지만 내가 성경을 읽고 기도하고 전도하고 봉사하고 성실히 행동할 때만 그 관계를 지속시키신다.
4. 하나님은 내 궁극적 구원을 미결로 남겨 놓으셨다. 크고 흰 보좌에서 나를 심판하시고, 그때 내가 영생과 천국을 누릴 만한지 결정하신다.

2. 평안과 사랑을 느끼기 위해서 내가 모든 사람에게 인정과 호의와 사랑을 받아야 하는 것은 아니다.
가. 누군가 나를 좋아하거나 사랑하지 못하는 것은 그 사람의 문제다(요 15:18-27, 17:14-19; 갈 1:10, 4:12-16; 요일 3:11-13; 벧전 4:12-16).
나. 나는 (사람들이 나를 어떻게 느끼는지와 상관없이) 늘 하나님께 사랑받고 있다. 따라서 다른 사람들의 인정이나 비난에 지나치게 신경 쓸 필요가 없다(요 15:9-10, 17:25-26; 롬 8장; 히 13:5-6; 요일 4:16-19).

하나님

1. 내가 하는 모든 것을 승인하지 않으실 때에도 하나님은 나를 용납하고 사랑하신다(요 3:16-17; 롬 5:6-8; 요일 4:7-10).
2. 나의 완벽한 행위가 아니라 그분이 나를 위해 (그리스도 안에서) 이루신 것을 믿는 것이 하나님을 기쁘게 하며, 그분과 나의 올바른 관계를 지속시켜 준다(롬 1-5장; 갈 1-6장; 히 11:6).
3. 하나님은 그분의 성령을 통해 지금 내게 구원, 영생, 천국을 확신시키신다. 나의 심판은 십자가에서 이루어졌다. 미래에 내가 받을 유일한 심판은 섬김에 대한 상급이지, 내 구원과 관련된 것이 아니다(고전 3:10-15; 요 3:36, 5:24; 요일 3:24, 5:6-13).

다시 쓰는 자서전

기억이 치유된 후 아마 가장 어려운 부분은 그 기억을 우리의 삶과 조화시키는 일일 것이다. 기억의 치유는 더 이상 과거를 기억하지 않는다는 뜻이 아니다. 그것은 비성경적이기도 하다. 성경은 그런 의미로 과거를 잊으라고 말하지 않는다. 기억의 치유는 우리가 그토록 얻으려고 애쓴 목적, 즉 우리가 잊으려고 열심히 노력한 가장 고통스러운 경험까지 포함하여 모든 것을 기억하는 것이다.

기억의 치유는 과거 상처의 감옥에서 해방되는 것을 의미한다. 기억은 하되 다른 각도에서 기억하는 것이다. 우리가 기억하는 사건들을 바꿀 수는 없지만, 그 사건의 의미와 현재 생활 방식에 끼치는 영향력은 바꿀 수 있다. 이것이 치유 뒤에 따르는 후속 상담에서 가장 가치 있는 부분으로, 그들의 생애에 의미와 목적을 발견하도록 돕는다. 우리는 종종 로마서 8장 28절을 전체 문맥에서 떼어 놓고 이해한다. 그러나 우리는 그 위대한 구절이 나오는 문맥을 살펴봐야 한다. 그 구절은 우리가 자주 인용하는 내적 치유에 관한 두 구절 뒤에 있다.

> 이와 같이 성령도 우리의 연약함을 도우시나니 우리는 마땅히 기도할 바를 알지 못하나 오직 성령이 말할 수 없는 탄식으로 우리를 위하여 친히 간구하시느니라 마음을 살피시는 이가 성령의 생각을 아

> 시나니 이는 성령이 하나님의 뜻대로 성도를 위하여 간구하심이니라
> 우리가 알거니와 하나님을 사랑하는 자 곧 그의 뜻대로 부르심을 입
> 은 자들에게는 모든 것이 합력하여 선을 이루느니라(롬 8:26-28)

치유에서 중요한 부분은 하나님이 우리가 겪은 가장 고통스러운 경험까지도 합력하여 선을 이루셔서 우리로 하여금 잘 되고 그분께 영광 돌리게 하신다는 것을 발견하는 것이다. 앞서 말했듯이 이것은 하나님이 우리에게 일어난 모든 것의 원인이라는 뜻이 아니다. 그러나 하나님이 그 모든 것을 주관하신다. 그리고 후속 모임 동안 우리는 심지어 가장 고통스러운 사건에서도 새로운 의미를 발견하고 부여하여 그들의 자서전을 다시 쓰도록 돕는다. 하나님이 그들을 통해 일하실 것에 대한 새로운 의미를 새기는 것이다. 이미 치유된 사람들은 비슷한 경험으로 고통받는 다른 사람들을 치유하도록 하나님이 자신을 어떻게 사용하시는지를 자주 나눈다. 그들은 요셉이 형제들에게 한 말을 삶으로 배우는 것이다. "당신들은 나를 해하려 하였으나 하나님은 그것을 선으로 바꾸사"(창 50:20).

스스로 기억을 치유하는 방법을 배우라

후속 조치에 관해 마지막으로 한 가지 더 이야기하고자 한다. 후속 조치를 통해 우리는 사람들이 기억 치유의 기본적인 원리를 배

우도록 도와야 한다. 그러고 나면 그들은 배우자나 믿을 만한 친구와 함께 이런 기도 치유 방식을 활용할 수 있다. 상담자는 성령의 일시적인 보조자다. 그들은 되도록 빨리 상담에서 빠져 나오는 것을 목표로 해야 한다. 언젠가는 남편이나 아내, 친구, 소그룹이 상담자 역할을 하고, 궁극적으로는 상처받은 기억들을 위대한 상담자인 성령께 직접 가지고 나아가 치유받도록 해야 한다.

예방책으로서의 기억 치유

여태까지 우리는 일종의 영적 수술이라는 관점에서 내적 치유의 한 방식으로 기억 치유를 이야기했다. 부모로서 우리는 거꾸로 그것을 기도 치유로 이용하는 법을 배울 수 있다. 즉 자녀가 뜻하지 않은 사고나 충격을 받았을 때, 자신의 감정을 부모에게 털어놓게 하고 예방 차원에서 그들이 치유되도록 기도할 수 있다. 이렇게 해서 그들의 상처와 굴욕감이 증오와 공격으로 바뀌지 않고 정서적으로나 영적으로 건강하게 유지하는 것이다. 수많은 부모가 기억의 치유를 통해 얻은 소중한 유익 중 하나로 자녀의 상처에 민감해진 것을 이야기한다.

유의 사항과 결론

이 책을 시작할 때부터 기억의 치유는 여러 영적 치유 방법 중 하나일 뿐이라고 강조했다. 나는 많이 망설인 끝에 이 책을 썼다. 기억의 치유를 요술 방망이처럼 정서적, 영적 문제에 빠르고 쉬운 해결법으로 여기거나, 모든 문제에 대한 해답이라고 여기는 사람들이 있을까 봐 매우 두려웠다. 다시 한 번 강조하지만 기억의 치유는 모든 정서적, 영적 문제에 대한 유일한 만병통치약이 아니다. 실제로 기억의 치유를 사용해서는 안 되는 상황이나 문제도 있다. 이 방법은 고통스러운 경험의 기억이 심하게 억압되어 있는 사람, 그래서 폐쇄적으로 변하여 하나님과 다른 사람, 자신에 대한 진정한 감정을 표현할 수 없게 된 사람에게 가장 유용하고 성공적이다. 결과적으로 그들은 위축되어 사람들과 친밀한 대인 관계를 형성할 수 없는 사람들이다. 그러나 기억의 치유는 "하나님께 얼어붙은 선택된" 사람들이 파묻힌 분노와 용서에서 풀려나와 자유로워져서 정서적으로나 영적으로 성숙을 향해 전진하게 할 수 있다.

극단적으로 감정적이고 신경질적인 사람에게는 기억의 치유를 사용하지 말아야 한다. 나는 주로 나쁜 기억 때문에 치료가 필요하다고 느낀 사람들과 상담을 시작한다. 그들에게 목록을 써 보라고 하면 그들은 아주 하찮은 사건들까지 상세하게 적은 대단히 긴 편지를 가지고 온다. 이런 사람들은 억압된 기억이나 가둬 둔 감정이 없었다. 오히려 정반대 문제를 가지고 있었다. 이들은 모든 것을 부풀리는 온갖 환상적인 감정에 휩싸여 있다. 그럴 때면 나는 원래 계획을 바꾼다. 그래서 그들이 훈련되지 않고 제멋대로 이랬다저랬다 해서 삶을 망가뜨리는 감정을 조절하는 법을 배우도록 돕는다. 그들에게 기억의 치유 같은 방법을 시도하는 것은 조절되지 않는 감정을 더 격동시키고 불안정을 증가시킬 뿐이다. 문자 그대로 유익보다는 해를 끼칠 수 있다. 이 사람들에게는 훨씬 이성적인 상담이 필요하다. 그들은 표현되지 않은 감정을 깨우칠 필요가 없다. 오히려 제어하기 어려운 감정을 조절하는 방법을 배워야 한다. 내가 이 이야기를 하는 것은 누구도 기억의 치유를 일종의 영적 취미나 만능 심리 치료로 여기지 않길 바라서다.

결론을 맺는 지금, 우리는 다시 원점으로 돌아왔다. 우리는 신비로 시작해서 신비로 끝맺고 있다. 기억의 치유에 관해 우리가 아는 것이 있는 반면 모르는 것도 있기 때문이다. 더 진실을 추구하도록 북돋다 보면 그들의 삶에 긍정적이고 기적적인 결과를 얻을 수 있었다. 물론 조심해야 할 부정적인 결과도 많았다. 하나님의 형상을 따라 창조된 신비를 충분히 이해하는 사람만이 기억의 신비를 완전하게 헤아릴 수 있을 것이다. 그러므로 우리를 자유게 하는 진리로 계속 인도해 달라고 성령께 구하면서 주님 앞으로 겸손하게 걸어가자.

자, 이제 모세가 우리에게 준 지혜를 사용하자. "감추어진 일은 우리 하나님 여호와께 속하였거니와 나타난 일은 영원히 우리와 우리 자손에게 속하였나니 이는 우리에게 이 율법의 모든 말씀을 행하게 하심이니라"(신 29:29).

주

1. D. Gareth Jones, *Our Fragile Brains*, InterVarsity Press, pp. 43f.
2. "Our Human Body", *Reader's Digest Association*, p. 99.
3. "Babies, What Do They Know? When Do They Know It?", *Time*, August 15, 1983, pp. 52f.
4. Ibid., p. 53.
5. *The Book of Hymns*, United Methodist Publishing House, p. 501.
6. Joseph Sica, *Marriage and Family Living*, August 1983, pp. 18-21.
7. *The Confessions of Augustine in Modern English*, Sherwood E. Wirt, Zondervan, p. 1.

기억의 치유
감추고 싶은 기억, 말하고 싶은 기억

초판발행	1999년 11월 30일
2판1쇄	2017년 4월 1일

지은이	데이비드 시맨즈
옮긴이	송헌복, 송복진
발행인	김수억

발행처	죠이선교회(등록 1980. 3. 8. 제5-75호)
주소	02576 서울시 동대문구 왕산로19바길 33
전화	(출판부) 925-0451
	(죠이선교회 본부, 학원사역부, 해외사역부) 929-3652
	(전문사역부) 921-0691
팩스	(02) 923-3016
인쇄소	송현문화
판권소유	ⓒ죠이선교회
ISBN	978-89-421-0381-2 03230

책값은 뒤표지에 있습니다.
잘못된 도서는 교환하여 드립니다.
이 책 내용의 일부 또는 전부를 재사용하려면 반드시 죠이북스의 허락을 얻어야 합니다.

이 도서의 국립중앙도서관 출판예정도서목록(CIP)은 서지정보유통지원시스템 홈페이지(http://seoji.nl.go.kr)와 국가자료공동목록시스템(http://www.nl.go.kr/kolisnet)에서 이용하실 수 있습니다.(CIP제어번호: CIP2017007232)